HISTOIRE

DE LA ROBE

SANS COUTURE.

Imprimerie Pollet et Comp.,

Rue Saint-Denis, 380.

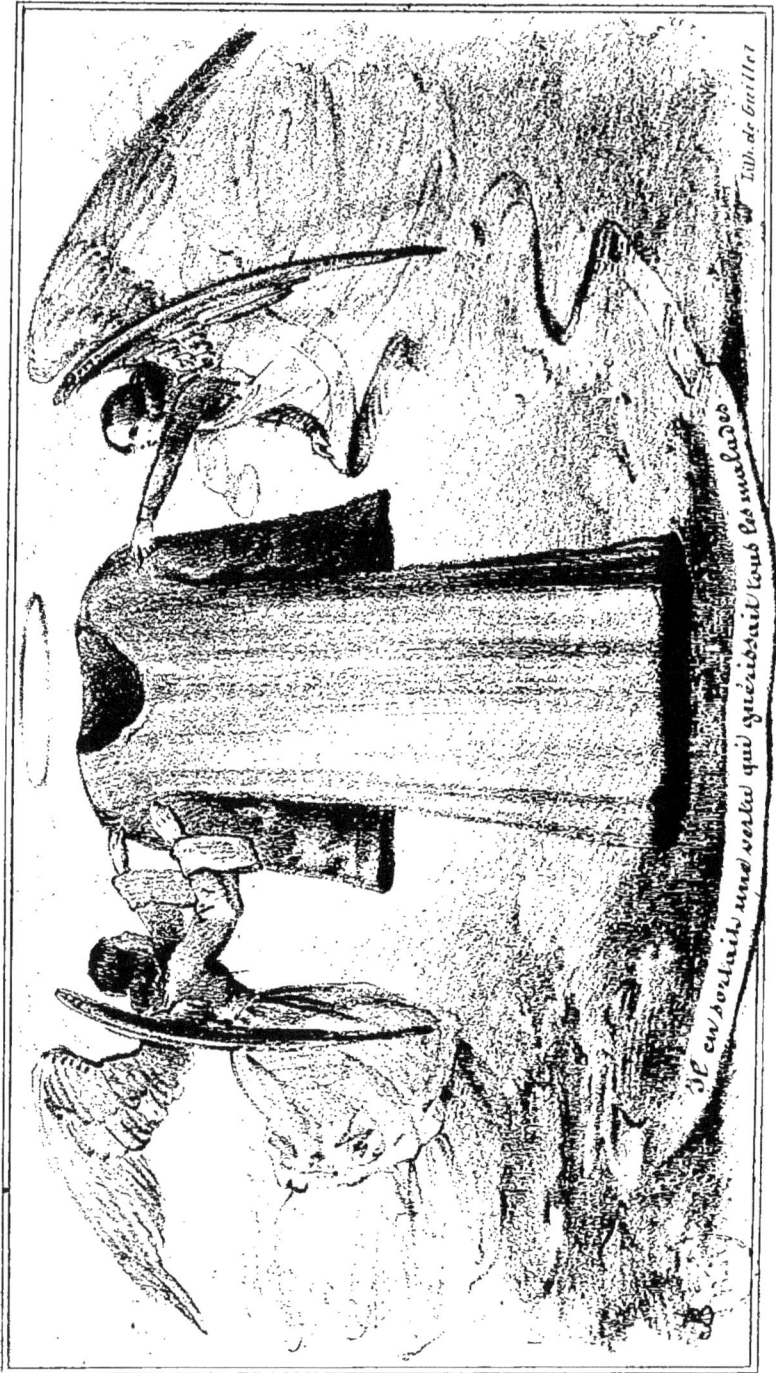

Lith. de Guillet

Je emportait une robe qui quérissait tous les malades

La robe sans couture de N.S.J.C. tissue par la Vierge Marie, a été donnée, l'An 800,

HISTOIRE
DE
LA ROBE
SANS COUTURE
DE N.-S. JÉSUS-CHRIST,

CONSERVÉE DEPUIS
PLUS DE DIX SIÈCLES DANS LE MONASTÈRE
ET L'ÉGLISE D'ARGENTEUIL.

PAR AUGUSTE FOLLET.

Se trouve :

A ARGENTEUIL, A LA SACRISTIE ;

A PARIS, CHEZ MADEMOISELLE GUILLARME,
Rue des Saints-Pères, 65.

1842.

PRÉLIMINAIRES.

LA FÊTE DE LA SAINTE ROBE.

Aux premiers feux de l'aube, les sons pieux de la cloche ont retenti dans les airs. Les habitants du village s'éveillent; ils secouent à la hâte leurs membres endoloris par les rudes travaux de la veille, et revêtus du modeste habit des fêtes, ils se dirigent, à travers la campagne, vers l'Eglise lointaine, où, fidèles au culte de leurs pères, ils doivent porter aujourd'hui leur tri-

laborieux enfantements. Triste et désolée pendant les longues semaines du carême, que l'Église a consacrées au jeûne et à la pénitence, elle semble attendre, pour renaître, le temps de la résurrection du Christ; puis, dès qu'il a soulevé la pierre du tombeau, elle aussi soulève et brise l'enveloppe glacée qui l'étreignait comme un linceul funèbre; et lorsqu'enfin, après avoir donné à ses apôtres les divins enseignements qui devaient servir à éterniser son culte, le Dieu martyr retourne à son père, la terre régénérée se hâte de déployer toutes ses richesses, de se parer de toutes ses fleurs, et leurs suaves parfums vont embaumer les airs, ce chemin du ciel...

L'airain sacré a retenti une seconde fois, et la caravane chrétienne

se remet en marche. Ils se hâtent,
les agrestes voyageurs, mais leur
empressement ne ressemble pas à
celui de cette tourbe insensée qui, à
des jours convenus, se rue, folle et
tumultueuse, au milieu des joies
grossières de nos places publiques et
de nos carrefours; les pélerins se
rendent à la demeure du Seigneur,
et leur allégresse est grave et solennelle comme les grands événements
dont l'Église s'apprête à sanctifier le
glorieux anniversaire. Car c'est aujourd'hui qu'elle célèbre l'Ascension
de Jésus-Christ; et là-bas, dans
l'humble temple de la petite ville
d'Argenteuil, la Robe sans couture
du Sauveur des hommes sera exposée, pendant tout le temps des
saints offices, à la publique adoration des fidèles.

Une foule immense est accourue de toutes parts, et remplit la nef antique. Les chants religieux retentissent ; le divin sacrifice de la Messe est commencé. Puis un saint prêtre monte à la chaire, et dans un récit simple et naïf comme son auditoire, il retrace la merveilleuse histoire de cette précieuse relique qui, échue d'abord en partage à l'un des bourreaux du Fils de Dieu, et tombée plus tard entre les mains des ennemis de la foi, a traversé, sans périr, les profanations et les siècles ; il raconte les guérisons miraculeuses opérées par le vêtement de l'Agneau sans tache ; et la conviction descend dans toutes les ames ; car parmi ceux-là mêmes qui l'écoutent, beaucoup pourraient servir de vivant témoignage à la vérité de sa parole !

Les chants se font entendre de nouveau ; et, quand l'auguste sacrifice est achevé, la châsse parcourt processionnellement les rues de la ville, portée par des lévites et escortée par un clergé nombreux et par une population plus nombreuse encore. A chaque pas sont élevés des reposoirs sous lesquels se presse la multitude ; c'est à qui s'approchera davantage de la Tunique sacrée ; des linges destinés à de pieux usages, des chapelets bénits sont touchés au bienheureux reliquaire, et lorsque la Robe sans couture est revenue au point du départ, un cantique d'actions de grâces s'élance de toutes les bouches, mêlé au bruit des cloches, aux harmonies de l'orgue, dont la voix majestueuse roule et bondit en longs échos sous la voûte sonore.

VIII

Ensuite le prêtre remonte à l'autel ; et, les mains étendues, il appelle
les grâces d'en haut sur la silen-
cieuse assemblée, qui se sépare et
s'en retourne emportant des souvenirs et des espérances !

Nous venons d'esquisser le rapide
tableau de la fête que l'Eglise d'Argenteuil célèbre chaque année. Il
faut avoir, comme nous, assisté à
cette imposante solennité pour se
faire une juste idée de la simplicité
toute chrétienne qui y préside. La
reconnaissance est peinte sur tous
les visages, la foi est gravée dans
tous les cœurs ; — pélerins et malades, tous sont accourus à l'appel
de la religion ; et les actions de

grâces des uns, les prières des autres célèbrent à-la-fois la gloire et la puissance de Dieu.

La réunion de la Fête de la sainte Robe à celle de l'Ascension, remonte à des temps très reculés, dont il est impossible de fixer la date. Autrefois, un jour spécial était en outre consacré au culte de la sainte Relique. Mais l'*office* de ce jour avait été perdu à l'époque de la terreur, et toutes les recherches de M. Millet, curé actuel d'Argenteuil, pour se le procurer, étaient restées sans résultat. Grâce à Dieu cette importante lacune va être bientôt remplie par M. l'abbé de Solesmes, supérieur des Bénédictins, qui possède un exemplaire du précieux ouvrage. Nous devons donc espérer que, dans peu de temps, le culte dû à la sainte

Tunique sera rétabli dans toute son antique splendeur.

Avant d'entrer en matière, qu'il nous soit permis de dire ici quelques mots des motifs qui nous ont engagé à entreprendre l'histoire de la Robe sans couture. On sait que Dom Gerberon et l'abbé de Gaumont ont traité déjà le même sujet. Mais ces hommes de Dieu vivaient à la fin du XVIIe siècle; et depuis cette époque jusqu'à nos jours, de graves événements s'étaient accomplis, qui n'avaient pas encore rencontré d'historien. Pourtant il importait que les fidèles ne fussent pas détournés de la confiance qu'ils ont dans le saint vêtement par des doutes sur son authenticité; et puis, les anciennes éditions de Dom Gerberon et de M. de Gaumont étaient depuis longtemps épuisées, et c'est à peine si, parmi les pieuses familles de nos campagnes, on en retrouverait encore quelques exemplaires. Nous avons voulu remédier à ce fâcheux état de choses ; et nous inspirant du travail de nos prédécesseurs, nous avons entrepris, non de le refaire ; car on n'invente pas l'histoire, mais de le compléter. On trouvera donc dans notre livre le *fond* de leurs deux ouvrages, et quelquefois leurs idées et leur style ; nous n'y avons ajouté que ce que nos consciencieuses recherches ont pu nous fournir. Nous devons dire aussi que nous avons scrupuleusement vérifié l'exactitude de *toutes* leurs citations. Quant à la *forme*, si elle n'est pas absolument la même que celle par eux adoptée, c'est qu'il nous a semblé nécessaire de nous conformer aux modifications que les exigences du langage ont introduites dans la littérature moderne. Notre tâche était de répandre la vérité, et nous avons, dans la mesure de nos forces, essayé de l'atteindre : si quelque gloire en revient à Dieu, nous serons fiers de l'avoir entreprise !

HISTOIRE

DU

MONASTÈRE D'ARGENTEUIL,

DEPUIS

Sa fondation jusqu'à l'année 800,

Entre les départements qui, semblables aux serfs du moyen-âge, apportent chaque jour leur tribut à la capitale, cette fière et puissante seigneurie des temps modernes, le département de Seine-et-Oise doit, sans contredit, occuper la place première. La richesse de ses productions, la variété de ses sites, l'aménité de ses mœurs le rendent cher et indispensable à la ville immense qu'il étreint comme une gracieuse ceinture. Ses souvenirs historiques le rattachent par un lien puissant à toutes les époques de notre gloire nationale. De

grands hommes et de grandes actions sur-
gissent à chacune des explorations du voya-
geur consciencieux qui fouille dans ses
annales : Dagobert, François Ier, Henri IV,
Louis XIV, Duguesclin, Sully, Richelieu,
Labruyère, Ducis, Hoche, Grétry, ont tour
à tour illustré les différents points de son
territoire, et la figure mélancolique de
Napoléon semble rayonner encore à la pensée sous les ombrages de la Malmaison.

L'une des plus modestes villes de ce département, qui a pour chef-lieu Versailles,
cette gigantesque pensée d'un grand roi,
conçue, exécutée et achevée sous un règne,
et qui compte au nombre de ses domaines
tant de gracieuses cités, de châteaux, de
maisons de plaisance et de résidences roya-
les, est la petite ville d'Argenteuil, dont
la Seine arrose les pieds, tandis qu'au loin
une chaîne de collines, arrondies en am-
phithéâtre, l'entoure d'une longue guir-
lande de verdure

Dans les premiers temps de la monarchie, alors que les Francs, nos rudes et
barbares ancêtres disputaient encore aux

Gaulois-Romains la possession du vaste empire de la vieille Gaule, qu'ils devaient
finir par ranger tout entière sous leurs lois,
ce magnifique pays, si fertile et si peuplé
de nos jours, n'était qu'une immense forêt
plantée de chênes séculaires; et ces riantes
collines, tapissées de vignobles et de parcelles de champs en culture, où se marient
les plus riches couleurs de la végétation,
n'offraient alors aux regards attristés que
des broussailles épaisses où le chasseur ne
s'aventurait qu'avec peine.

C'est dans cette pauvre contrée que deux
pieux personnages, possesseurs d'une partie de ce territoire sauvage, *Ermenric*,
seigneur franc, et *Nummana* ou *Numma*, sa
femme, entreprirent de fonder un monastère, vers l'an 660 de l'ère chrétienne.
Cinq ans après, le roi Clotaire III approuva
ce saint établissement. Ses fondateurs y
placèrent des religieuses et les soumirent
à la direction du couvent bénédictin de
Saint-Denis, bâti environ trente ans avant
celui d'*Argenteliosus*; car, en ce temps là,
les grands monastères d'hommes avaient

quelquefois des monastères de filles sous leur dépendance.

Ermenric et Numma donnèrent au couvent d'Argenteuil le terrain dont les revenus devaient subvenir aux besoins des religieuses, et d'autres pieuses offrandes vinrent bientôt accroître les richesses du monastère naissant et le bien-être des chastes filles du Seigneur qui y avaient consacré leurs jours au service de leur divin maître. On cite entr'autres un diplôme par lequel Childebert III donna à cette nouvelle maison, en l'année 697, la partie de forêt voisine du monastère, appelée en latin *Cormoletus* (Cormeilles) dans les registres du fisc. Cette charte indique que l'abbesse s'appelait *Leudesinde,* et que l'abbaye était sous le titre de la Sainte-Vierge, Saint-Pierre et Saint-Paul. Carloman, fils de Pepin et frère de Charlemagne, approuva, en 770, les chartes de ses prédécesseurs en faveur de ce monastère, dont une religieuse, nommée Ailine, était alors abbesse.

Telle est l'humble et sainte origine d'Argenteuil. Un modeste couvent et quelques religieuses, voilà le berceau de cette ville qui compte cinq mille ames dans son enceinte. Combien a-t-il fallu de siècles pour amasser les habitants, bâtir les maisons, aligner les rues et les places publiques autour de ce saint asile que la ville ingrate devait finir par démanteler et engloutir dans son sein ! Par combien d'événements et de transmigrations successives a dû passer cet établissement des hommes, enfanté et accru par l'influence protectrice de la maison vouée au Seigneur, pour être arrivé à former une cité durable et solide, malgré les ravages des barbares, les désastres des guerres civiles et les invasions des armées étrangères !

Et pourtant bien des villes plus importantes qu'Argenteuil n'ont pas une autre origine. Un monastère s'élevait d'abord dans un endroit isolé de la France. Peu à peu de pauvres paysans, des serfs du moyen-âge, attirés par le régime doux et bienveillant des moines, venaient bâtir autour de la sainte demeure leurs humbles habitations. La réunion de ces cabanes formait un village; puis l'agglomération des habitants finissait par composer une bourgade entière. Alors les rois donnaient des priviléges à ces bourgades; les murs crénelés s'élevaient pour la défense commune; les corporations d'artisans s'organisaient et enfantaient bientôt une bourgeoisie qui empiétait peu à peu sur les droits de ses maîtres et finissait enfin par s'étendre et grandir sur leurs ruines.

Ainsi marche l'humanité. Ainsi la civilisation s'avance à pas lents et mesurés en suivant la loi invariable, le mouvement raisonné et progressif que le créateur de toutes choses a appliqués aux institutions humaines. Quand les hommes, aveuglés par de fausses tendances, par des désirs insensés, veulent hâter le progrès et devancer le mouvement imprimé par Dieu, il en résulte ces guerres sanglantes, ces dissentions meurtrières, qui sont autant d'effroyables cataclysmes où s'abîment les nations.

Argenteuil, comme toutes les choses du monde, compte dans ses souvenirs plus de

revers que de beaux jours. Il joua parfois
un rôle dans nos troubles civils et religieux;
mais ces points saillants de son histoire en-
traînent toujours des malheurs à leur suite.
Les destinées des villes ressemblent à celles
des hommes : aux unes comme aux autres,
il en coûte quelquefois bien cher pour bril-
ler un moment. Du reste, comme l'histoire
de la précieuse relique qui fait le sujet de
ce livre, est liée intimement au sort de la
cité qui lui sert encore d'asile, et dont elle
a nécessairement partagé toutes les phases
de prospérité ou de désastres, les faits qui
se rapportent à Argenteuil arriveront na-
turellement et par ordre chronologique en
suivant les vicissitudes de la sainte Robe.

Nous voilà parvenus à l'époque glorieuse
qui devait faire rayonner d'un saint éclat
le monastère d'Argenteuil entre tous les
monastères de France. Charlemagne, cette
grande figure héroïque qui se dresse dans
les traditions confuses et tumultueuses des
premiers temps de notre histoire, comme
un de ces héros fabuleux auxquels la Grèce
payenne élevait des autels, Charlemagne

régnait alors sur l'immense empire que son génie et le glaive de ses feudataires avaient soumis à sa domination. Giséla et Théodrade, l'une sœur, l'autre fille du grand monarque, ayant résolu de se consacrer à Dieu, Charlemagne demanda à l'abbaye de Saint-Denis la cession du monastère d'Argenteuil, dont sa fille fut nommée abbesse. Quelques auteurs prétendent que cette cession ne fut faite à Théodrade que durant sa vie, après quoi le monastère devait rentrer sous la tutelle de l'abbé de Saint-Denis. C'est sur cette convention que Suger s'appuya, trois cents ans plus tard, pour en réclamer la suzeraineté.

Quoi qu'il en soit, les deux princesses y furent installées en grande pompe, et cette cérémonie fut le prélude d'une autre installation plus auguste et plus glorieuse, dont le retentissement et les bienfaits devaient se propager de siècle en siècle jusqu'à nos jours.

Charlemagne entretenait des relations amicales et suivies avec Irène, qui régnait sur l'empire d'Orient depuis la mort de son époux, l'empereur arien Léon, l'ardent persécuteur des saintes images. Elle avait même fiancé son fils Constantin avec *Rotrade*, autre fille de Charlemagne, et le chronographe grec Théophanès prétend que l'empereur, séduit par la grande idée de réunir pacifiquement l'Orient et l'Occident, et de reconstruire l'empire romain dans son unité, avait demandé la main d'Irène. Si l'on en croit l'historien bysantin, les négociations n'eurent pas de suite, attendu le refus de l'altière impératrice, qui n'était pas femme à se donner un maître, et qui d'ailleurs fut détrônée en octobre 802 par le patrice Nicéphore.

Les deux puissants souverains n'en échangèrent pas moins de fréquentes ambassades et de magnifiques présents. Irène, qui connaissait le culte fervent de Charlemagne pour les reliques, lui envoya la robe du Christ avec un clou qui avait appartenu à la vraie croix, et le corps de sainte Christine, martyre du lac de Bolsène, en Italie.

Pour placer ce précieux trésor, l'empereur ne pouvait choisir un lieu plus cher à

son cœur que le monastère où s'étaient reti-
rées sa sœur et sa fille. Le 12 ou le 13 août de
l'an 800, à une heure après midi, les saintes reliques furent apportées à Argenteuil,
au bruit des cloches sonnant à pleines volées, en présence de hauts dignitaires de
l'Eglise et de la cour, et aux acclamations
du peuple accouru en foule au-devant des
reliques sacrées.

HISTOIRE

DE LA SAINTE ROBE

Jusqu'à l'an 800.

La sainte Robe dont le fils de Dieu, pendant son passage sur la terre, a recouvert ses membres sacrés, était une relique trop précieuse pour ne pas obtenir toute la vénération des fidèles ; aussi la dévotion traditionnelle que l'on a eue de tout temps pour ce vêtement de Jésus-Christ a-t-elle été cause que plusieurs églises, et notamment celle de Trèves, ont, à diverses époques, revendiqué la gloire de posséder le pieux monument. Nous examinerons plus tard si ces réclamations étaient fondées ; mais remarquons dès à présent que l'accord de la presque totalité des auteurs qui ont écrit sur ce sujet doit suffire pour

ramener à nous toutes les opinions impar-
tiales. Bien que notre croyance soit facul-
tative à cet égard, et que les fidèles puissent, sans compromettre leur conscience,
révoquer en doute la véracité des historiens,
nous devons dire que nous n'avons admis,
dans cette relation, que ce qui nous a paru
suffisamment démontré. Peut-être les témoignages évidents manqueront parfois à
nos paroles, car en se reportant vers le
lointain des âges, il est nécessaire de se
rappeler que les premiers siècles de notre
ère nous présentent souvent des faits défi-
gurés ou mutilés par l'ignorance contem-
poraine; mais combien de points historiques seraient plus faciles à controverser
que celui - ci, si, chez les esprits bien
faits, de fortes et graves présomptions ne
déterminaient la certitude?

On l'a dit avant nous : ce n'est ni la richesse ni le luxe des vêtements que Jésus-
Christ a portés qui les recommandent à
notre piété; car, ainsi que le remarque
saint Isidore de Damiette, il n'y a guère
d'apparence que celui qui était venu en-

seigner aux hommes le détachement des choses d'ici-bas, ait recouvert ses membres sacrés d'étoffes pompeuses et éclatantes. Et pourtant il est vrai de dire qu'après son corps adorable, et sans prétendre diminuer en rien le culte dû à la sainte croix, qui fut l'autel de son sacrifice, il ne nous a rien laissé de plus précieux que sa tunique, qui faisait en quelque sorte partie de lui-même, puisqu'il ne l'a pas quittée pendant tout le cours de sa vie terrestre. En effet, la Robe inconsutile fut l'un des instruments de cette vertu divine par laquelle Jésus-Christ opérait tant de miracles; et il suffisait aux malades de la toucher pour être parfaitement guéris. Elle fut aussi l'ornement de la gloire du fils de Dieu sur le Tabor, car on voit dans l'Evangile selon St. Mathieu, que «Jésus-Christ ayant pris avec » lui Pierre, Jacques et Jean son frère, les » mena à l'écart sur une haute montagne, » où il fut transfiguré en leur présence. » Son visage devint brillant comme le so- » leil, et *ses vêtements blancs comme la neige.* » Enfin elle fut le vêtement de douleur du

Rédempteur du monde, alors que dans le jardin des Oliviers il priait son père d'éloigner de ses lèvres le calice d'amertume ; dans le prétoire de Pilate, quand il fut battu de verges ; dans les rues de Jérusalem, lorsqu'il succombait sous le poids de l'instrument de son martyre ; et jusque sur le Calvaire, où elle fut trempée du sang innocent de l'agneau sans tache : *hic vestitus erat veste sanguine aspersa.* Il est donc juste de reconnaître que, de toutes les reliques, il n'en est point qui mérite autant nos respects et nos hommages ; et Louis XIII avait grandement raison de proclamer qu'*elle était la plus sainte qui fût au monde.*

Mais elle possède encore un autre et puissant motif de vénération : c'est d'être l'ouvrage de la très-sainte Vierge Marie. Cette croyance est appuyée du témoignage de nos meilleurs auteurs : « *Hanc tunicam,* dit Eu- » thymius, *a traditione patram accepimus opus* » *fuisse Dei matris.* » A quoi le docte abbé Ruppert ajoute : « *Qualem dilecta ejus Maria* » *sorte* (il faut lire *sua arte*) *diligenter con-* » *texuerat.* » Albert-le-Grand et l'évêque de

Gand Jansenius, confirment cette opinion;
et dans ses révélations, sainte Brigitte assure que la Vierge même lui a déclaré
qu'elle a fait de ses propres mains la tunique de son fils. Les écrivains des siècles sui-
vants sont du même avis : « *Quam (tunicam)*
» *sicut litteræ cum eâ repertæ indicabant, glo-*
» *riosa mater fecerat ei, cum adhuc puer esset,* »
disent-ils à propos des titres retrouvés à
Argenteuil dans la châsse où la sainte Robe
était conservée, en l'année 1156. C'est
alors qu'il fut constaté que la Tunique était
tissue de laine, ce qui se rapporte au sentiment de saint Isidore de Damiette, qui
assure qu'elle n'était pas d'une étoffe fine,
mais de celle en usage parmi les pauvres
de la Galilée. Admirons en passant la mo-
destie et l'humilité de celui qui, pour donner à ses préceptes l'autorité de son exemple, voulut naître dans une étable et mourir d'une mort ignominieuse, après avoir
vécu si malheureux en toutes choses « *qu'il*
» *ne possédait pas même un asile où reposer*
» *sa tête.* »

On a longuement disserté sur la forme

de la Tunique. Il nous serait difficile de la
déterminer maintenant, attendu que la
Robe sainte n'existe plus *tout entière* à
Argenteuil , ainsi que nous le dirons dans
la suite de cette histoire ; mais saint Chrysostôme, en expliquant ces paroles de saint
Jean : *la tunique était tissue par le haut*, observe que, dans la Palestine, ce vêtement
était composé de deux morceaux d'étoffe
qui se joignaient dans leur partie supérieure, de manière qu'en y pratiquant une
ouverture assez large pour passer la tête,
il s'étendait parallèlement sur le dos et la
poitrine, et pouvait couvrir tout le corps.
C'est la figure que l'illustre docteur donne
à la Tunique de Notre-Seigneur ; et ce qui
rend cette interprétation vraisemblable,
c'est que Serrarius rapporte que les Juifs,
il y a deux cents ans à peine, étaient encore dans l'usage de se couvrir le corps
d'une espèce de surtout dont la forme est
exactement celle que nous venons d'indi-
quer.

Qu'on nous permette de relever ici une
des plus flagrantes impostures que Calvin

ait avancées, et cela d'après ses propres
paroles. Dans le dessein de combattre la
dévotion qu'ont toujours eue les fidèles
pour les reliques des martyrs, cet héré-
siarque avait dit que la Robe sans couture
qu'on vénère à Argenteuil était, suivant
le témoignage des auteurs catholiques,
semblable à la chasuble dont les prêtres se
servent à l'autel, et qu'on ne pouvait guère
supposer que le vêtement du Sauveur eût
eu cette forme. Du Saussay, qui rapporte
ce fait (*Panopliæ cleric. parte* 2, *cap.* 4),
combat l'argumentation de Calvin et le
convainc de mauvaise foi en prouvant que
les auteurs cités par lui n'ont pas tenu le
langage qu'il leur a prêté. Mais si nous ad-
mettons le raisonnement de Calvin, nous
trouverons qu'il proclame, sans le vou-
loir, la vérité qu'il entreprend de nier;
car, puisque cette robe est, de l'aveu
même de ce fougueux sectaire, conforme
à la description que saint Chrysostôme
nous a donnée de celle du fils de Dieu,
il s'ensuit évidemment que la Tunique du
Sauveur avait cette figure, et que la relique

qu'on voit à Argenteuil est la véritable Tunique de Jésus-Christ. — Singulière aberration de l'esprit humain, qui se fatigue à semer des sophismes pour en récolter la confusion et la honte !

Disons un mot maintenant de la couleur de cette précieuse dépouille du Sauveur des hommes. Nonnus (*cap. 19, Joh.*) nous apprend qu'elle devait être d'un rouge obscur, tirant sur le violet. Robert, abbé du mont Saint-Michel, dit simplement qu'elle était de couleur rougeâtre (*subrufi coloris*), et Mathieu Paris qu'elle était de couleur sombre (*sub confusi coloris*). Enfin Du Saussay, qui écrivait longtemps après eux, raconte que lors d'un voyage qu'il fit au couvent des Ursulines d'Argenteuil, il se rendit dans l'église principale où il visita le divin vêtement, qui lui parut couleur de rose sèche. Il n'y a donc, entre ces divers historiens, qu'une très-légère différence quant à la *nuance* de la Tunique sacrée, et il est facile de les mettre d'accord en réfléchissant aux phénomènes d'optique que produisent les variations du

jour, de l'ombre et de la lumière. Bien
que notre témoignage ne soit pas ici d'un
grand poids, nous ajouterons que nous
avons eu personnellement l'occasion, dans
notre jeunesse, de contempler la pieuse
relique, et qu'elle est d'une étoffe rous-
sâtre tirant sur le brun, ce qui explique
et concilie les versions des graves auteurs
que nous venons de citer.

Il y a des personnes qui ont peine à com-
prendre comment la Robe *inconsutile* (c'est-
à-dire sans couture) dont la sainte Vierge
avait revêtu son fils lorsqu'il était encore
enfant (*cum adhuc puer esset*) a pu lui servir dans un âge plus avancé. Mais Mathieu
de Westmunster semble avoir prévu cette
objection, car après avoir établi que la
Tunique est l'œuvre de Marie, il ajoute
qu'elle crût à mesure que Jésus-Christ
croissait : « *et crevit, ipso crescente.* » Il aurait pu dire aussi, pour être entièrement
d'accord avec la plupart de ceux qui ont
traité le même sujet, qu'*elle ne s'usait point.*
Et, quoi que cette merveille ait de surprenant au premier abord, il n'est pourtant

ni impossible, ni même difficile d'y croire,
si l'on considère qu'en cela Dieu n'a fait,
en faveur de son fils, qui était né dans la
plus humble des conditions, et qui a passé
presque toute sa vie dans la solitude et séparé du commerce des hommes, que ce
qu'il avait bien voulu faire autrefois pour
les Juifs avant qu'ils entrassent dans la
terre promise, ainsi que cela est écrit dans
le Deutéronome, chapitre 19, verset 5 :
« Le Seigneur vous a conduits jusqu'ici par
» le désert pendant quarante ans : vos vête-
» ments se sont conservés, et les souliers qui
» sont à vos pieds ne se sont point usés pen-
» dant tout ce temps. » — Dom Gabriel Gerberon, religieux bénédictin de la congrégation de Saint-Maur, auquel nous avons
emprunté ce qui précède, continue en ces
termes : « Saint Justin ajoute que non
» seulement les Israélites n'usaient point
» leurs habits, mais qu'à mesure que leurs en-
» fants devenaient grands, leurs vêtements
» croissaient aussi : *Quorum vestimenta non*
» *modo attrista non sunt; sed juniorum quo-*
» *que unà cum ipsis creverant.* Et pourquoi

» ne croirions-nous pas, après tant d'au-
» teurs, que Dieu renouvelle, en faveur
» de son fils, ce double miracle, qui nous
» doit faire connaître que sa puissance n'est
» point assujétie à la loi de nos corps, et
» que c'est lui qui les conserve, comme
» Tertullien l'a remarqué : *Ut Dominum po-*
» *tentiorem credamus omni corporum lege, et*
» *carnis magis utique conservatorem, cujus*
» *etiam vestimenta et calceamenta protexit.*
» Et c'est cette pensée qui a fait que Car-
» thagène (1) et plusieurs autres sont en-
» trés aisément dans le sentiment de ceux
» qui pensent que cette sainte Tunique
» croîssait à mesure que Jésus-Christ deve-
» nait grand, et qu'il l'a portée toute sa vie
» sans l'user. »

Si nous avons donné quelque étendue
aux différents points que nous venons de
traiter, c'est qu'il nous a paru nécessaire
de venir au-devant de toutes les objections
qu'on pourrait élever contre l'authenticité

_____

(1) Théologien espagnol qui a fait imprimer ses
Homélies à Rome et les a dédiées au pape Paul V.

de la divine dépouille du Sauveur des hommes. En ce temps d'incrédulité, le premier devoir d'un écrivain religieux est de ne laisser aucune prise à la malignité ou à la mauvaise foi. Heureux si nos paroles, étayées du témoignage des pères et des docteurs de l'Eglise, font germer la confiance dans le cœur de ceux qui essaient sérieusement de connaître et d'approfondir tout ce qui a rapport au culte catholique ! Nous n'écrivons pas pour les autres.

Nous avons établi, dans ce qui précède, que la divine Tunique a été la fidèle compagne de Jésus-Christ pendant tout le cours de sa vie mortelle, et qu'il ne s'en est séparé qu'à l'heure suprême où il s'offrit en holocauste à son père pour racheter le monde. Laissons maintenant parler le disciple bien-aimé du divin Rédempteur :

« Les soldats ayant crucifié Jésus, pri-
» rent ses vêtements et les divisèrent en
» quatre parts, une pour chaque soldat. Ils
» prirent aussi la tunique, et comme elle
» était sans couture, et d'un seul tissu de-
» puis le haut jusqu'en bas,

» Ils dirent entre eux : Ne la coupons
» point, mais jetons au sort à qui l'aura ;
» afin que cette parole de l'Ecriture fût
» accomplie : Ils ont partagé entre eux mes
» vêtements, et ils ont jeté ma robe au
» sort. Voilà ce que firent les soldats. »
(Evangile selon saint Jean, chap. 19,
vers. 23 et 24.)

Le nom du soldat romain à qui échut la
Tunique sainte n'est pas parvenu jusqu'à
nous, et nous ne savons pas davantage ce
qu'elle devint pendant les quatre premiers
siècles de l'Eglise. Mais c'était alors un
temps d'épreuves et de persécutions pour
la foi naissante, et il ne faut pas s'éton-
ner ici du silence des historiens ; car les
chrétiens de cette époque, si féconde en
martyrs , aimaient mieux abandonner
leurs corps à la férocité des bourreaux,
que de livrer les objets de leur culte à la
profanation des infidèles, et l'on com-
prend qu'un petit nombre de pieuses familles seulement ayant eu connaissance des
lieux où les reliques des saints étaient déposées , la tradition orale soit l'unique té-

moignage qu'on puisse invoquer en faveur
de l'authenticité de ces précieux vestiges.
Toutefois, Mathieu de Westmunster prétend que la sainte Robe du fils de Dieu fut
achetée par Pilate, qui l'emporta à Rome,
pour se défendre, devant Caïus Caligula,
des crimes dont il était accusé, sachant
bien qu'il ne pouvait être ni convaincu, ni
condamné tant qu'il serait protégé par le
divin vêtement de celui qu'il avait laissé
mourir ; mais, ajoute l'historien anglais,
cette fraude ayant été découverte par sainte
Véronique, le proconsul fut exilé à Vienne,
où il se tua bientôt après de désespoir
et sans doute de remords. Stangelius et
quelques autres racontent le même fait;
mais le silence des auteurs contemporains
nous engage à ne l'admettre qu'avec beaucoup de circonspection. Ce qu'il y a de
plus certain, c'est que la Robe sans couture fut rachetée par les chrétiens et transférée dans une ville de Galatie, qui était
une des provinces de l'Asie-Mineure. C'est
du moins ce qu'assure Baronius, d'après le
témoignage de saint Grégoire de Tours,

qui s'explique en ces termes : « *Je ne puis*
» *taire ce que m'ont appris quelques personnes*
» *touchant la tunique de l'Agneau sans tache.*
» *On assure qu'elle est conservée dans une*
» *église de Galatie, dédiée aux saints ar-*
» *changes, et distante environ de cinquante*
» *lieues de Constantinople. Il y a dans cette*
› *église un caveau très secret (crypta abditis-*
» *sima) où l'on garde avec beaucoup de véné-*
» *ration cette relique, qui est enfermée dans*
› *une châsse de bois.* » Saint Grégoire ne
nous a pas appris le nom de cette église
qui, la première, a possédé la bienheureuse Robe, et malgré les nombreuses et
savantes dissertations que cette omission
a fait naître, l'opinion générale n'est pas
invariablement fixée à cet égard; cependant il est plus que vraisemblable que l'é-
glise ou la chapelle en question apparte-
nait aux Colossiens, dont la principale
demeure était en Phrygie, c'est-à-dire tout
à côté de la Galatie.

Elle y resta jusque vers l'an du monde
4590. A cette époque, l'Arménie et les provinces environnantes ayant été envahies

par les Perses, qui pillèrent et saccagèrent
toutes les églises, la sainte Robe subit une
nouvelle émigration et fut portée en Palestine, dans la petite ville de Jaffa, qui n'est
autre que le fameux port de mer appelé autrefois Joppé. Dieu alors commença à révé-
ler par des miracles l'existence d'une relique
qui, plus tard, devait devenir l'une des
plus insignes manifestations de sa puissance. En effet, raconte Frédégaire, chroniqueur presque contemporain, et par consé-
quent irrécusable, un juif nommé Simon,
fils de Jacques, qui avait caché la robe sans
couture dans un coffre de marbre, à Jaffa,
pour la soustraire à l'adoration des fidèles,
fut tout à coup pris de douleurs si violentes, qu'elles l'obligèrent à confesser son
crime. Ceci se passait la trentième année
du règne de Gondran, qui correspond à
l'an 594 de notre ère. Aimoin, qui écrivit
l'histoire de France deux siècles plus tard,
rapporte le même événement, et il ajoute
que cette nouvelle se répandit dans tout le
pays : « *Fama*, dit-il, *per totos Francorum*
» *divulgavit fines tunicam* D. N. J. C. » Si-

gebert et l'abbé Conrad sont en cela d'accord avec lui ; et saint Grégoire de Tours,
en confirmant les mêmes faits, nous apprend qu'il les tenait d'un évêque d'Arménie, qui s'était réfugié en France pour
échapper aux persécutions des idolâtres.

Dès que cette révélation fut connue, on
s'empressa d'en prévenir le haut clergé
d'Orient. Grégoire, patriarche d'Antioche,
Thomas, patriarche de Jérusalem, et Jean,
patriarche de Constantinople, s'adjoigni-
gnirent plusieurs autres évêques, et s'é-
tant préparés par un jeûne de trois jours,
ils se rendirent tous à Jaffa, suivis d'un
immense concours de peuple attiré par
l'auguste cérémonie qui allait s'accomplir.
La divine relique fut solennellement extraite du lieu où le juif Simon l'avait ca-
chée, et transportée en grande pompe
à Jérusalem. On remarqua que par un
nouveau et surprenant miracle, le coffre
de marbre qui la renfermait devint aussi lé-
ger que s'il avait été de bois. Ce fut, cer-
tes, un grand et magnifique spectacle que
celui de la translation de la Robe inconsu-

tile; mais les détails que nous pourrions en donner fatigueraient peut-être l'attention de nos lecteurs, et nous renvoyons ceux qui seraient curieux de connaître plus à fond les cérémonies et les pieux usages du temps, à Mathieu de Westmunster et aux autres écrivains que nous avons déjà cités.

La sainte relique fut déposée au lieu même où l'on adorait la croix de Jésus-Christ, c'est-à-dire dans le trésor de l'église de Jérusalem, où se trouvaient déjà beaucoup d'autres précieuses reliques, au nombre desquelles figurait la vraie croix, ainsi que le remarque Nicéphore dans son histoire ecclésiastique, livre 8, chapitre 26, qui dit en parlant du reliquaire de Jérusalem : « *Cujus partem maximam divina Helena* » *argenteæ cistæ inclusam; Episcopo ad memo-* » *riam posterarum generationum reliquit. Ac-* » *ceptis vivificis lignis*, etc. » Gaumont prétend qu'elle fut mise dans ce même reliquaire avec l'instrument de supplice du fils de Dieu, ce qui nous paraît assez vraisemblable, quoique cette version ait été

combattue par Dom Gerberon, qui observe
qu'il n'est pas facile de croire que la sainte
Robe ait été, depuis cette époque, transportée dans tous les lieux où le fut la vraie
croix, sans que les historiens en aient fait
aucune mention. Il est vrai que le silence
des écrivains sacrés peut paraître étrange,
mais ce silence même nous confirme dans
l'opinion émise par M. de Gaumont, qui
cite à l'appui de ses observations l'oraison
suivante qui se trouvait dans la messe de
la translation de la sainte Robe. : « *Laudes*
» *jubilationis divinitati unicæ resonemus*
» *harmonice in die translationis inconsutilis*
» *tunicæ : nam salutis condimentum et iter*
» *est sanitatis, claritatis dat argumentum :*
COMES QUOQUE FUIT CRUCIS. » A la vérité,
ces derniers mots : *elle fut la campagne de*
la croix, peuvent se rapporter à l'époque
seulement où les deux reliques étaient à-
la-fois dans l'église de Jérusalem; mais cette
ville ayant été prise et saccagée par Chos-
roës en l'an 614, les lieux saints brûlés ,
les chrétiens vendus aux juifs et le patriarche emmené en Perse , que serait devenu

le divin vêtement du Sauveur pendant les quatorze années qui suivirent? car ce fut seulement en 628 que la vraie croix, qu'on avait transportée à Constantinople, fut réintégrée dans l'église métropolitaine de Judée, et il nous semble hors de doute que la Tunique de Notre-Seigneur l'ait, ainsi que les autres reliques, accompagnée dans cette longue émigration. Nous pensons donc que la Robe sans couture était renfermée dans le coffre qui recelait la sainte croix; et si les historiens que nous avons consultés à cet égard n'en ont pas fait l'objet d'une mention spéciale, c'est parce qu'ils se sont préoccupés davantage de cette dernière relique, qui était la plus considérable de toutes.

En 633, Jérusalem étant de nouveau menacée par les infidèles, la Robe inconsutile fut une seconde fois rapportée à Constantinople, et y demeura jusqu'au temps où elle fut envoyée en France, ce qui n'eut lieu qu'environ deux siècles après, ainsi que nous l'avons dit dans le chapitre précédent.

Depuis l'an 800 jusqu'à la révolution.

Ce fut, comme nous l'avons dit, vers le milieu du mois d'août, à une heure de l'après-midi, que le pieux et brillant cortège qui apportait à Argenteuil les reliques sacrées qui devaient concourir si puissamment à la gloire spirituelle et à la prospérité terrestre du monastère, fit son entrée triomphale dans la sainte demeure.

Pour bien se figurer les magnifiques splendeurs de la pompe auguste qui devait émerveiller les spectateurs de cette touchante cérémonie, l'imagination a besoin de se reporter vers ces premiers âges de la monarchie, où la richesse extérieure du culte parlait aux yeux de nos pères, comme la pitié fervente à leur cœur. Qu'on se représente l'église du monastère, parée de fleurs et de lauriers, comme aux jours de ses plus belles fêtes. Sur les degrés de l'abbaye, la fille de l'empereur, vêtue de ses habits abbatiaux, tenant en main une crosse, symbole de son pouvoir spirituel, et entourée de ses chastes filles, qui font monter aux cieux leurs cantiques d'actions de grâces, tandis qu'au loin, sur les sentiers sinueux qui conduisent au monastère, planent les bannières et les banderoles du cortège royal qui escorte la châsse sacrée, et s'avance lentement au milieu des cris de joie et des acclamations du peuple; qu'on se représente Charlemagne, le grand empereur, couvert de sa robe de pourpre, au milieu de ses barons bardés de fer, de ses moines en robes de bure, de douze évêques vêtus de leur imposant costume pontifical. Ajoutez à ce spectacle le son grave des cloches sonnant à pleines volées; les chants du cortège plus distincts et plus imposants à mesure que ces hauts dignitaires de l'église et de l'empire approchent de la nef qui doit les recevoir dans son enceinte, et vous aurez à peine une imparfaite idée de l'impression solennelle et pieuse qui dût se graver dans le cœur des nombreux témoins de cette grande fête religieuse, étalée au milieu de la campagne, sous l'ardeur du soleil d'août.

Pour perpétuer le souvenir de cette époque mémorable dans l'histoire d'**Argenteuil**, on résolut que chaque jour, à une heure, la cloche de l'église abbatiale sonnerait une volée et rappellerait ainsi aux fidèles l'heure glorieuse où avait été déposé dans cet asile privilégié le tissu sacré qui avait couvert le corps du fils de Dieu. Cet usage n'a été aboli qu'au commencement de la révolution. Il donna même lieu, vers le milieu du xviiie siècle, à des discussions sérieuses entre les principaux habitants d'**Argenteuil**. Nous reviendrons sur ce point en temps et lieu, dans le cours de cette histoire.

La plupart des auteurs qui ont écrit sur la Sainte Robe, uniquement occupés de l'importance de leur sujet, ont négligé de faire mention d'une autre relique, moins précieuse à la vérité, mais qui n'en doit pas moins être chère à la vénération des fidèles. Nous voulons parler de la relique de sainte Christine, donnée par l'impératrice Irène en même temps que la Tunique du Christ, et que le grand souverain plaça également dans le monastère d'Argenteuil. L'abbé Lebeuf, dans son *Histoire du diocèse de Paris*, en fait une mention formelle.

« *On prétend*, dit le savant littérateur, » *que cette relique (la sainte Robe), avait été* » *donnée au monastère d'Argenteuil par* » *Charlemagne en même temps que le corps* » *de sainte Christine, apporté d'Italie lors-* » *que sa fille, Théodrade, se renferma en ce* » *couvent avec d'autres dames de la cour.* »

André Favin, dans son histoire de Navarre, ne parle pas spécialement du corps de sainte Christine; mais il annonce qu'en outre de la Robe de Notre-Seigneur, Charlemagne reçut encore plusieurs autres reliques.

« *Ce fut en ce monastère (Argenteuil), que* » *Charlemagne mit la Robe sans couture de* » *Notre-Seigneur, faite à l'aiguille par la*

» *Vierge sa mère, l'ayant reçue avec plusieurs*
» *autres reliques de l'impératrice Irène.* »

Du reste, nous ne citons un témoignage
aussi insuffisant que pour venir à l'appui
des preuves que nous donnerons plus tard,
pour constater l'authenticité de la relique
de sainte Christine, à laquelle nous consa-
crerons un chapitre spécial, et dont nous
n'avons parlé ici que pour mémoire.

Presque tous les historiens qui ont traité
l'histoire de cette époque racontent les
mêmes faits. Dupréau, Helgaud, Dutillet,
parlent également de la donation de la
sainte Robe, faite par Charlemagne au monastère habité par sa sœur et sa fille, et l'on
trouve encore dans l'ancienne prose de la
messe de la sainte Robe, des passages qui
font mention de cet événement. En voici
deux strophes que nous donnons à nos lecteurs avec la vieille et naïve traduction qui
se trouve en regard :

> *Quam ab oris gentilium,*
> *Imperator fidelium*
> *Carolus extraxit.*

Ab Argente sumpsit nomen
Oppido, quo dedit numen
Sacram collocari.

Dans l'avènement à l'empire ,
Charlemagne enfin le retire
Des ennemis du nom chrétien

. . . .

Argenteuil est l'heureuse ville
Où Dieu , comme dans un asile.
Voulut qu'on mit ce saint trésor.

Des guérisons miraculeuses signalèrent
bientôt la divine relique à la piété des fidèles. Les dons et les offrandes affluérent , et
une source de richesses s'ouvrit pour le
couvent.

Dans l'année 828 , c'est-à-dire quatorze
ans après la mort de Charlemagne , Théodrade était encore abbesse d'Argenteuil ,
dont les revenus et l'importance s'accrois-
saient rapidement , grâce au concours de
chrétiens qu'attirait la sainte Robe. Théodrade obtint, dans le cours de cette année,
des princes Louis-le-Débonnaire et Lothaire , une charte qui lui confirmait la pos-

session du monastère, qu'il était permis à
l'abbaye de Saint-Denis de recouvrer après
sa mort, ou en cas qu'elle allât demeurer
dans un autre couvent. Malgre ces diplô-
mes, la restitution n'en fut point faite à
Saint-Denis après la mort de Théodrade.
Il est probable que le monastère d'Argenteuil était occupé par des religieuses de la
race royale et d'autres dames des principales familles de la cour qui voulaient rester indépendantes dans leur retraite.

Ce qui prouve la renommée dont jouissait alors la divine relique, c'est que
Alfred, roi d'Angleterre, en fit demander
un fragment à Charles-le-Chauve, dont la
fille Judith avait épousé le roi Ethelvul-
phe, père d'Alfred. Ce précieux fragment
fut déposé en 1066, avec diverses autres
reliques, dans l'église de Wesmunster que
le roi Edouard 1er (*saint Edouard*) avait
fait rebâtir, ainsi qu'il résulte d'une charte
de ce dernier, rapportée dans le livre
des conciles anglais (tome 1er, page 629).

Mais une épouvantable catastrophe allait
bientôt tarir la joie des fidèles et replonger

pour longtemps encore la sainte Robe dans l'oubli dont l'avait tirée le grand empereur. Il n'était plus depuis bien des années, l'homme dont le vaste génie avait imprimé à son siècle un mouvement si rapide que le siècle devait retourner en arrière aussitôt que la mort aurait glacé la main puissante qui lui donnait l'impulsion. Le colosse expiré, son œuvre devait tomber avec lui. Aussi, après le long règne, si malheureux et si plein de dissentions sanglantes et impies du faible Louis-le-Débonnaire; après les querelles désastreuses de ses trois fils, Lothaire, Louis-le-Germanique et Charles-le-Chauve, de ce grand empire que Charlemagne avait fondé, à peine restait-il la France intacte, et encore ce pauvre pays était-il désolé par les barbares hommes du Nord, ces farouches pirates dont les flottes s'étaient écartées avec terreur de nos côtes, tant qu'elles avaient été protégées par le grand nom de Charlemagne. Mais ils avaient repris le cours de leurs ravages dès que le bruit de la mort du roi invincible et de la faiblesse de

ses successeurs était parvenu dans leurs
sombres et froides contrées.

Vers le milieu du ixe siècle, un fort parti
de Normands remonta la Seine jusqu'à Paris
et dévasta tous les environs de cette ville.
Les auteurs que nous avons compulsés ne
donnent pas la date exacte de ce triste
événement. Dom Gabriel Gerberon rapporte seulement que ce fut vers l'an 845
ou environ. D'après le renseignement fourni par ce dernier, nous pensons que l'expé-
dition des Normands à laquelle il fait allu-
sion, est celle qui a eu lieu dans le mois
de mars 845, époque où cent vingt bâti-
mens pirates, conduits par le Norwégien
Ragnar ou Ragner-Lodbroq, héros fameux
dans les traditions scandinaves, pénétrèrent
dans l'embouchure de la Seine, s'arrête-
rent un moment à Rouen, que leurs compagnons avaient saccagé quatre ans auparavant, remontèrent le fleuve jusqu'à
Paris, et descendirent, la veille de Pâques,
dans l'île de la Cité et dans les faubourgs
des deux rives où ils mirent tout à feu et
à sang, pillèrent les riches monastères de

Sainte-Geneviève et de Saint-Germain-des-Prés , et de là se répandirent dans les environs de la capitale, jusqu'au jour où Charles-le-Chauve, par une faiblesse coupable et qui devait amener de grands maux sur la France , en alléchant encore davantage les barbares , pactisa avec eux et leur donna 7,000 livres d'argent, afin qu'ils se retirassent.

Le monastère d'Argenteuil devait nécessairement tenter la cupidité des barbares : aussi fut-il enveloppé dans ce grand désastre. Les païens s'en emparèrent , pillèrent toutes ses richesses, mirent le feu au couvent , et ne se retirèrent qu'après en avoir fait un monceau de ruines. Mais les religieuses eurent le temps de s'enfuir, et, avant de se soustraire aux dangers qui les menaçaient, elles ne voulurent pas abandonner la Tunique sacrée aux profanations des infidèles. Ce ne fut qu'après avoir caché la châsse dans une muraille qu'elles quittèrent le couvent.

Alors s'éteignit pendant plus de cent cinquante ans l'histoire du couvent d'Argenteuil. Ses ruines restèrent sur le sol en friche pour rappeler au souvenir du passant les courses aventureuses et dévastatrices des hommes du Nord.

La dernière abbesse dont les chartes fassent mention jusqu'en 845 est *Ode*, qui vivait dans le temps des premières courses des Normands, d'après l'abbé Lebeuf. Il est probable que cette religieuse était encore abbesse d'Argenteuil lorsque le monastère fut détruit.

Pendant un siècle et demi, les malheurs du pays firent oublier les plaies saignantes de l'Église. Ce fut au bout de cette longue période que la reine Adélaïs, mère du roi Robert, entreprit de rétablir le monastère d'Argenteuil. Son fils accorda beaucoup de terres au nouvel établissement, et lui concéda même plusieurs droits : celui de marché, celui de passage des voitures par terre, et le droit du *tensement* du vin. Ce diplôme est daté de l'an 1003. C'est ce qui fait dire à Helgaud, auteur de la vie du roi Robert, que ce prince avait bâti le monastère, quoiqu'il n'en ait été que le restaurateur. La reine Adélaïs établit à Argenteuil des religieuses sous la règle de saint Benoît, et elle fit dédier l'église sous le nom de Notre-Dame. Le couvent devint donc une seconde fois abbaye royale et en eut tous les priviléges.

Cet état de choses dura cent trente ans, pendant lesquels la sainte Robe, enfouie dans sa mystérieuse retraite, fut pleurée par tous les fidèles, qui la crurent anéantie ou enlevée par les barbares; bientôt le souvenir en fut même effacé dans la mémoire du peuple, et l'on n'y songea plus que comme à une ancienne tradition.

Cependant le monastère de Saint-Denis se voyait avec peine dépossédé d'une abbaye dont la première destination avait été de former un prieuré dépendant de sa juridiction. En 1129, alors que l'infortunée Héloïse, si célèbre par ses talents, ses malheurs et sa pénitence, était abbesse d'Argenteuil, Suger, abbé de Saint-Denis, réclama ce monastère. Le pape Honoré II écouta ses remontrances, et Mathieu, évêque d'Albane et légat du Saint-Siége, fit assembler plusieurs évêques dans l'abbaye de Saint-Germain-des-Prés, pour prononcer sur les réclamations de Suger. Louis-le-Gros appuya l'abbé de Saint-Denis dans cette assemblée, que quelques auteurs mettent au nombre des conciles; et il fut ordonné, dit Dom Gerberon, *que Suger placerait les reliques en d'autres monastères; qu'il rentrerait dans tous les droits qu'il avait sur celui d'Argenteuil, et qu'il y mettrait de ses religieux pour y servir Dieu.*

Les religieuses sortirent donc d'Argenteuil. Les unes s'établirent dans l'abbaye du Footel ou de Notre-Dame de Malnoë, les autres suivirent Héloïse et se retirèrent avec elle au Paraclet, qu'Abeilard leur céda pour aller à Saint-Gildas-de-Rhuis dont on l'avait élu abbé. Le monastère d'Argenteuil fut transformé en un prieuré dont les religieux étaient également soumis à la discipline de l'ordre de saint Benoît.

Vingt-six ans après cette prise de possession par Suger, Dieu permit enfin que la sainte Robe fût retrouvée. Une révélation divine enseigna à un moine le secret de la muraille qui lui servait de refuge. Ce fait miraculeux est rapporté par tous les auteurs religieux qui ont écrit sur cette époque. Robert, abbé du Mont-Saint-Michel, vulgairement appelé Robert-du-Mont, et continuateur des chroniques de Sigebert, était contemporain de cette découverte, et a consigné dans ses écrits la déclaration suivante :

« *Dans un village de Parisis, on a trouvé* » *au monastère d'Argenteuil, par révélation* » *divine, la Tunique sans couture de notre* » *Sauveur, laquelle est de couleur rougeâtre,* » *et a été faite par sa glorieuse Mère, lors-* » *qu'il était dans son enfance, ainsi que le* » *donnaient à entendre les titres qui furent* » *trouvés avec elle.* »

Mathieu de Paris, Nicolas Trivet, Favin, Gautier, Mathieu de Westmunster, l'abbé anglais Jean Brompton, confirment ce fait dans leurs chroniques; enfin on lit dans Froissard :

« *On tient qu'en cet an* (1156) *fut trouvée* » *la Robe sans couture que la Vierge Marie* » *avait faite pour Jésus-Christ, notre Sauveur,* » *son fils, en une petite ville près Paris, nom-*

» mée **Argenteuil**, où encore à présent on la
» montre. »

Aussitôt que cette précieuse découverte
fut connue , tous les hauts dignitaires de
l'Église, le roi et les principaux seigneurs
de la cour arrivèrent à Argenteuil ; la
sainte Robe fut déployée et publiquement
exposée en présence du roi Louis VII , de
Hugues d'Amiens , archevêque de Rouen ,
légat du Saint-Siége , de l'archevêque de
Sens, des évêques de Paris , de Chartres ,
d'Orléans , de Troyes , d'Auxerre, de Châlons, d'Évreux, de Meaux, de Senlis, et des
abbés de Saint-Denis , de Saint-Germain-
des-Prés, de Lagny, de Ferrière, de Saint-
Maur-des-Fossés , etc. Nous donnons dans
nos pièces justificatives la charte authentique de Hugues de Saussay , archevêque
de Rouen, concernant cette touchante cérémonie.

De cette époque date l'accroissement
rapide d'Argenteuil. Les pèlerins de tout
âge, de tout sexe, de toute condition , vinrent bientôt vénérer la châsse miraculeuse.
Les donations, les fondations pieuses ac-

crurent de nouveau les richesses du monastère. Des habitants nouveaux accoururent en foule, les uns attirés par la
piété, les autres par le désir de participer
aux largesses des pélerins; et, au bout de
quelques années, l'humble village d'*Argenteliosus* était devenu déjà une importante
bourgade.

La dévotion des fidèles à la sainte Robe
ne fit qu'augmenter avec le temps. Les archevêques de Sens firent de nombreux pélerinages à Argenteuil. Ils avaient même
coutume de se faire transporter au monastère durant leurs maladies, et d'y passer
une nuit, pour obtenir de Dieu leur guérison, en priant devant la Tunique de son
Fils. Guillaume d'Auvergne, Gautier de
Château - Thierry, évêques de Paris, et
Eudes, évêque de Tusculum et légat du Saint-
Siége, s'y firent également transporter ; et
ces vertueux prélats ne sont pas les seuls
qui eurent recours à l'efficacité de la Sainte
Robe contre les maux qui affligent l'humanité ; car nombre de guérisons miraculeuses, dont une partie est consignée

dans le livre de Dom Gerberon, attestent la grâce particulière que Dieu avait affectée à cette dépouille sacrée.

Un fait rapporté par des écrivains dignes de foi confirme encore la puissance de la Robe sans couture. Au commencement du XIIIe siècle, un gentilhomme, que quelques-uns croient être le chevalier de Haute-Pierre, entraîné par un excès de dévotion coupable, entreprit de couper un morceau de la Tunique sacrée; mais avant d'achever l'exécution de ce malheureux dessein, il fut frappé d'une maladie mortelle dont il ne put être guéri qu'après s'être repenti et avoir demandé pardon à Dieu. Cet événement est mentionné dans la prose dont nous avons déjà donné un extrait. Voici les expressions de ce chant sacré :

> O quàm certa probatio
> Indiscreta devotio
> Militi frangenti.

> Cui vitæ sedatio
> Fuit et restauratio
> Reatum lugenti.

La preuve de cette merveille
Est l'imprudence sans pareille
D'un soldat tout prêt d'en couper.

Pour sa faute un grand mal l'afflige,
Il se repent à ce prodige,
Et Dieu cesse de le frapper.

Le plus pieux de nos rois, celui que tous
les princes désireux de plaire à Dieu en
faisant le bonheur des hommes, s'effor-
cent de prendre pour modèle, saint Louis,
ne pouvait manquer de témoigner publiquement son respect à la précieuse relique.
En 1255, pendant le carême, il se rendit
solennellement à Argenteuil pour vénérer la Robe sans couture ; au mois de jan-
vier 1260, il y revint faire le même acte
de dévotion, et durant ses guerres en Palestine, la reine Blanche, sa mère, fit
de nombreux pèlerinages au saint monastère, pour appeler la protection du ciel
sur son auguste fils.

Dans les trois siècles qui suivent, l'histoire de la sainte Robe n'offre rien de particulier. Toujours même affluence de pè-

lerins , de malades et d'affligés ; toujours
mêmes consolations et mêmes espérances
puisées auprès du vêtement sacré. Argenteuil s'agrandissait toujours.

Enfin, vers le commencement du seiziè-
me siècle , alors que les doctrines perni-
cieuses de Luther et de Calvin commen-
çaient à jeter leurs poisons sur la France,
on eut recours à la Robe sans couture du
Seigneur, image de l'église , une et indivisible comme elle, pour attirer la clé-
mence de Dieu sur son peuple et lui demander qu'il ne permît pas que cette sainte
église qui s'était élevée triomphante sur les
ruines des temples païens , baignée dans
le sang des martyrs, éprouvée par les persécutions des barbares , et glorifiée par le
courage des confesseurs , fût divisée et
déchirée par l'hérésie.

« *Le premier jour de mai* 1529 »— *ainsi
qu'il est écrit au chapitre* 12 *du registre de
l'abbaye de Saint-Denis,* — « *il fut apporté
» la Robe de Dieu, depuis le prieuré d'Argen-
« teuil jusqu'en l'église des glorieux martyrs,
» M. Saint-Denis et ses compagnons, en pro-*

» *cession solennelle, et fut tout le couvent au-*
» *devant, tous en aube, jusqu'à la* **Petite**
» **Boucherie;** *et illec preindre deux religieux*
» *ledit reliquaire et l'apportèrent jusqu'à l'é-*
» *glise de céans, puis, après la messe, fut re-*
» *conduit ledit reliquaire jusqu'au bout de la*
» *rue de l'Estrée, devant le prieuré de l'Es-*
» *trée. —* *Signé* GÉRAUT. »

Cinq ans plus tard, la sainte Robe fut
encore portée en procession solennelle
dans la ville de Paris, avec la vraie croix
et les autres reliques de la Sainte-Cha-
pelle; et dix ans après, le roi François Ier
permit que la ville d'Argenteuil fut fermée
de murailles, pour la conservation de la
Robe de Jésus, ainsi qu'il résulte de ses
lettres patentes données le mois de no-
novembre 1544 , et signées de sa main
royale.

Mais ces murailles furent impuissantes
à défendre la ville contre la rage des huguenots. Le dimanche 12 octobre 1567 ,
Argenteuil fut pris par un régiment de
fantassins commandés par le capitaine
Boury, qui fit mettre la ville à feu et à

sang. Les Orléanais pillèrent la châsse, foulèrent aux pieds la Sainte Relique, enlevèrent les vases sacrés et les ornements de la paroisse, brisèrent les fonts baptismaux et pendirent à sa fenêtre le respectable M. Lucas, alors curé d'Argenteuil ; mais des mains pieuses et fidèles recueillirent la dépouille divine, et bientôt de nouveaux prodiges vinrent annoncer aux peuples que des outrages que le ciel avait soufferts, devait naître un miracle de plus.

A la nouvelle du sacrilège attentat des huguenots, le roi Henri II vint se prosterner devant la sainte Robe, et demander pardon à Dieu des outrages que ces misérables avaient fait subir à la sacrée dépouille de son fils. Il s'écoula beaucoup de temps avant que l'église fût reconstruite dans sa splendeur première, et la Robe sans couture fut enfermée dans une châsse pauvre et mesquine, car les ressources avaient été épuisées par les rapines du parti calviniste. Henri III assigna bien la coupe de dix arpens de bois au rétablissement du monastère ; mais ce don, quoique fort considérable pour l'époque, était insuffisant pour venir d'une manière efficace au secours des bénédictins. Ce ne fut qu'en 1680 que Mlle Marie de Lorraine, duchesse de Guise, donna au prieuré une châsse neuve d'un grand prix, où la divine relique fut enfermée avec pompe le 22 octobre. Cette cérémonie fut faite par le père Claude Boistard, prieur du monastère de Saint-Germain-des-Prés, grand-vicaire de Mgr l'archevêque de Paris, accompagné de quatre princesses non moins célèbres par leur piété que par leur naissance.

(*Voir aux pièces justificatives l'acte de cette translation.*)

Quatorze ans avant cette pieuse dotation, c'est-à-dire vers l'an 1666, un scandaleux débat s'éleva entre les principaux habitants d'Argenteuil à propos de l'usage où l'on était de sonner les cloches à une heure de l'après-midi, en mémoire de l'heure où la sainte Robe avait été déposée au monastère. Quelques personnes croyant que cette coutume avait commencé avec l'établissement de l'Angelus, qu'on son-

nait partout ailleurs à midi, entreprirent
de l'empêcher. De là naquirent des querelles entre les récalcitrants, le curé et les
marguilliers. On en appela au bailli d'Argenteuil, qui rendit, au mois de décembre
1666, une sentence ordonnant que la coutume de sonner une volée à une heure de
l'après-midi serait conservée. Les marguilliers étaient tenus, *sous peine d'amende,*
de faire exécuter cet ordre. L'affaire ne
se termina pas là. Exaspérés par la sentence du bailli, les dissidens usèrent de
violence envers les sonneurs ; mais on dé-
cerna des prises de corps, et l'un d'eux
fut arrêté. On fut ensuite obligé de s'a-
dresser à Monseigneur l'archevêque de Paris, Hardouin de Péréfix, qui rendit l'ordonnance suivante :

« *Sur ce qu'il nous a été représenté par des*
» *personnes dignes de foi que c'est de tout*
» *temps immémorial que l'on a donné le par-*
» *don à une heure après midi dans l'église*
» *paroissiale d'Argenteuil, nous ordonnons*
» *au sieur curé dudit Argenteuil de tenir la*
» *main à ce que la coutume ne se change*

» *point, etc. Fait à Paris, le 27 mai* 1667,
» *signé Hardouin, archevêque de Paris.* »

On obéit au prélat tant qu'il vécut, mais à sa mort de nouvelles réclamations s'élevèrent. Jean Morin, sacristain de la paroisse, combattait encore cet usage en 1672. Un factum avait été présenté à ce sujet à la cour du parlement de Paris. On plaida si longtemps que l'affaire n'était pas terminée en 1678.

Du reste, du temps de dom Gerberon, qui vivait à la fin du 17e siècle, on obéissait à cette coutume ; mais, au lieu de sonner l'Angelus à midi, on ne le sonnait qu'un peu avant la volée d'une heure. Il en fut ainsi jusqu'à la révolution.

Grâce à la libéralité de mademoiselle de Guise, la sainte Robe, enfermée désormais dans une châsse digne d'elle, fut offerte de nouveau, avec toute la majesté convenable, aux hommages des fidèles. Louis XIII, ce roi si pieux et si dévoué au culte des saintes choses, alla plusieurs fois faire ses dévotions devant la relique sacrée. Ce sage monarque fit un jour une

noble réponse à une personne de sa suite
qui lui conseillait de faire tirer le précieux
vêtement de sa châsse, pour le voir en
entier :

— « Je n'ai garde, dit-il, il faut croire
et non pas voir. »

Il se contenta de donner son chapelet au
trésorier pour le faire toucher à la sainte
Tunique. Lorsqu'on le lui rendit, il baisa
la main du religieux qui le lui remettait :

— « Vous m'avez fait un grand plaisir,
mon père, lui dit-il. Ce chapelet a touché quantité de saintes reliques dans mes
voyages ; mais j'en ferai encore beaucoup
plus d'estime à présent qu'il a touché la
plus sainte relique du monde. »

La reine Marie de Médicis alla en pélerinage à Argenteuil, accompagnée des
trois princesses ses filles, du cardinal de
Bérule et du père Gondran. Elle témoi-
gna le désir de voir la Robe déployée ;
mais elle renonça à ce dessein lorsqu'on
lui eut dit que le roi, son fils, n'avait
point voulu qu'on ouvrît la châsse pour la
lui montrer.

L'auguste épouse de Louis XIII alla aussi au monastère donner des marques de sa piété ; et la malheureuse reine , Henriette d'Angleterre , épouse de cet infortuné Charles Ier , dont la tête devait tomber plus tard sur l'échafaud, vint souvent se prosterner devant la sainte Robe, et demander à celui qui en avait été revêtu, de toucher le cœur d'un peuple rebelle et de rétablir la foi dans ce royaume, où la religion avait été si florissante.

Le cardinal de Richelieu lui-même, ce grand et profond politique , dont le caractère mystérieux plane encore sur notre histoire , sombre comme sa robe rouge , incompris de nos jours comme il l'était aux siens , Richelieu vint à Argenteuil humilier son orgueil devant Dieu. Son front puissant devant qui tout s'inclinait, même celui de son maître , s'abaissa devant la sainte châsse, et son regard fier et dur , qui faisait pâlir toute la noblesse du royaume, s'éleva au ciel avec une expression de reconnaissance et d'amour.

De la Révolution française jusqu'à nos jours.

————

Les règnes de Louis XIV et de Louis XV passèrent sur la France, et la sainte Robe traversa cette longue période de grandeur, de repos et de ruines, entourée du même culte, de la même affluence de visiteurs. La grâce céleste se répandait tous les jours sur le pays qui possédait la Tunique sacrée. Argenteuil croissait en étendue et en richesse, et les habitants, reconnaissants envers Dieu de leur prospérité, entouraient de pieux hommages la sainte Relique qui en était la source, et rivalisaient avec les pélerins de zèle et de ferveur.

Mais ce temps de calme et de quiétude ne devait pas toujours durer. Comme la nature, l'humanité a ses crises; crises terribles et sanglantes qui renouvellent la face du monde moral, et laissent de lon gues traces dans l'esprit des peuples, de même que les bouleversements de la nature dans le sein de la matière. Dieu ne veut pas que l'homme s'endorme jamais dans la sécurité de son bonheur; et pour lui rappeler que cette terre n'est qu'un lieu d'épreuves, un passage du néant à la vie éternelle, il nous envoie de temps en temps ces hommes-fléaux qui, pour accomplir ici-bas leur mission terrible, renversent à-la-fois les empires et les croyances, les idées et les mœurs; qui remuent toutes les fanges et font remonter à la surface toutes les écumes et tous les vices de la société. — Ou bien Dieu permet qu'il survienne une de ces épouvantables révolutions qui mettent en question l'existence de chacun, changent les coutumes et les usages, la religion et les lois, pour leur substituer des utopies absurdes et monstrueuses. Puis, quand l'œuvre de destruction touche à son terme, quand le grand enseignement est gravé dans l'intelligence des hommes, alors le courroux du Tout-Puissant s'apaise : tout ce qu'il avait sé-

paré se rejoint, et les parties éparses de
ce grand tout social qui semblait menacé
d'une dissolution éternelle, viennent se
réunir et se ressouder peu à peu sous l'impulsion régénératrice du maître suprême.

Ainsi éclata la révolution française, qui,
après avoir nié toutes les convictions et ren-
versé tous les principes établis, devait
voir, au bout de quelques années d'agita-
tion et de terreur, la lumière de la foi bril-
ler plus vive et plus ardente que jamais ;
et les idées morales et religieuses qu'elle
avait essayé d'anéantir, reconstruire de
nouveau la base de l'édifice social.

Sous le règne sanguinaire de ces hommes
sans croyance, qui prenaient à tâche de si-
gnaler leur haine pour la religion et leur
mépris pour les choses sacrées, une relique aussi célèbre que la sainte Robe ne
pouvait manquer de s'attirer les honneurs
d'une persécution furieuse et implacable.
Mais dans les premiers jours de la révolution, les nouveaux maîtres de la France,
qui n'avaient pas encore levé tout-à-fait le
masque, se contentèrent de s'approprier

tous les objets de cuivre , d'argent et d'or qui appartenaient aux temples du Seigneur. La Tunique sans couture fut donc extraite de sa châsse en vermeil, et cette précieuse donation de mademoiselle de Guise fut transférée de l'autel de Dieu sur l'autel de la patrie, dont le culte dérisoire avait succédé à la foi divine transmise par nos pères: tant il est vrai qu'il faut toujours une religion , même à l'impiété !

La Robe du Christ, transportée dans l'église paroissiale de Saint-Denis-d'Argenteuil après l'abolition du monastère , fut confiée aux soins de M. Ozet, curé desservant de cette église ; et comme autrefois , un simple coffre de bois renferma encore la dépouille du fils de Dieu. Mais la vénération des fidèles l'accompagna dans cette dernière émigration : M. Ozet , poussé par une condescendance blâmable sans doute , morcela une partie du divin vêtement , et des fragments en furent donnés à diverses personnes du pays. Hâtons-nous d'ajouter que , depuis le rétablissement du culte catholique, la plus grande partie de

ces fragments ont été réclamés et recueillis
par les curés successifs d'Argenteuil, en
sorte qu'aujourd'hui la précieuse relique
est offerte presque entière à nos hommages, excepté toutefois le morceau qui fut
donné par Charles-le-Chauve au roi Alfred
d'Angleterre, et celui qu'obtint ensuite
Mademoiselle de Guise.

Bientôt après ces indiscrètes lacérations,
les terroristes abolirent tout-à-fait l'exer-
cice du culte catholique en France, et la
persécution réelle commença. Ce n'était
plus aux choses de la religion qu'on s'atta-
quait, c'était à ceux qui l'enseignaient et
la faisaient aimer. Un grand nombre de
membres du clergé échappèrent, par la
fuite, aux violences dont ils étaient me-
nacés; d'autres prêtèrent le serment ab-
surde que la constitution avait exigé d'eux.
Nous n'avons pas la mission de juger leur
conduite; mais qu'il nous soit permis de
dire, à l'honneur de notre sainte religion,
que parmi les prêtres qui crurent devoir
adopter ce dernier parti, beaucoup étaient
mûs par le désir de ne pas abandonner à

·lui-même le troupeau confié à leurs soins pendant cette époque de scandale et d'abominations.

M. Ozet possédait la confiance et l'estime de ses paroissiens, dont il était à-la-fois le médecin du corps et de l'ame ; ses bienfaits et sa charité lui avaient mérité leur reconnaissance, et il espérait, sinon faire un peu de bien, du moins empêcher beaucoup de mal. Il prêta donc serment et resta dans sa cure.

Anticipons, cette fois encore, sur les événements, pour observer ici que son abjuration solennelle ne se fit pas attendre, dès que le culte fut rétabli ; et que pendant la période sanglante que nous retraçons, son zèle et son dévouement à la religion dont il était resté ministre par le cœur ne faillirent jamais.

Mais son obéissance ne le protégea pas longtemps contre la fureur des démagogues révolutionnaires. Le 10 novembre 1793, la convention rendit un décret qui *abolissait le culte catholique*, et lui substituait le *culte de la raison. Dieu* fut également *sup-*

primé ; on le remplaça par l'*Etre suprême.*
— Le sang dont ils s'étaient gorgés avait
enivré nos maîtres ; l'abrutissement dégé-
nérait en folie. Le règne de *la raison* fut
celui du bourreau , car à ces païens modernes il fallait aussi des martyrs , et la
justice trôna sur un échafaud. Suspecté de
modérantisme , M. Ozet fut enfermé au château royal de Saint-Germain , devenu pri-
son d'état ; mais un secret pressentiment
avait déjà parlé au cœur de l'humble prêtre,
et avant de subir cette incarcération , il
prit soin de soustraire la sainte Robe aux
profanations qu'il redoutait pour elle , en
l'enterrant , la nuit, dans le jardin actuel
du presbytère. Un seul homme, M. Périer,
alors sacristain , fut admis à la connaissance de ce secret , qui fut religieusement
gardé des deux parts.

Le précieux vêtement fut donc sauvé ,
cette fois encore , de l'anéantissement dont
il semblait menacé , car les vandales qui ,
après le départ du vieux pasteur , firent de
son église veuve le théâtre de leurs hi-
deuses saturnales , eussent saisi avec em-

pressement l'occasion de se couvrir d'un
sacrilège de plus. Et quand, après dix-huit
mois d'une captivité à laquelle il avait
longtemps cru ne pouvoir échapper que
par une mort sanglante, M. Ozet fut rendu
à la liberté, qu'il n'espérait plus, il re-
trouva intacte la divine relique au lieu où
lui-même l'avait auparavant déposée.

Le ciel permit enfin que l'obscurité qui
couvrait l'esprit des hommes s'éclairât aux
lueurs de la foi renaissante. Les temples
du Seigneur furent ouverts, et la religion
catholique, rétablie dans toutes les parties
du royaume, recommença à appeler les
bénédictions du Très-Haut sur cette belle
France qu'il avait si longtemps protégée.
Alors, tous les objets précieux à la foi,
toutes les reliques, tous les vases sacrés
furent tirés de leurs mystérieuses retraites
et reprirent, sur nos autels, la place qu'ils
avaient autrefois occupée. De ce nombre
fut la sainte Robe, qui fut solennellement
réintégrée en l'église paroissiale. Pour
consacrer cet événement par un acte irré-
vocable, le clergé et les habitants d'Argen-

teuil, par l'organe de M. Robin, prêtre, leur fondé de pouvoir, adressèrent à Mgr. le cardinal Caprara, légat du Saint-Siége, la pétition dont nous donnons, aux pièces justificatives, la copie exacte et fidèle. Cette pièce est du 27 avril 1804.

Par un édit, en date du 29 du même mois, le cardinal-légat conféra à Mgr. l'évêque de Versailles tout pouvoir d'accorder la réorganisation de la confrérie et les indulgences demandées, après toutefois s'être éclairé sur l'authenticité de la relique :

» *Ad eumdem vero episcopum spectabit de*
» *intro-scriptæ reliquiæ authenticitate cognos-*
» *cere, antequam publicæ venerationi iterum*
» *exponatur.* »

Enfin, l'ordonnance suivante fut rendue par Mgr. l'évêque de Versailles, le 18 mai de la même année :

« Louis Charrier de la Roche, évêque › de Versailles, à tous ceux, etc.,

» Vu le procès-verbal du 17 mai 1804, » dressé par M. Cottret (1), curé desservant

---

(1) **M.** Cottret était né à Argenteuil. Ses ta-

» de Saint-Pierre et Saint-Paul de Sannois,
» nommé par nous commissaire aux fins
» de constater l'identité de la Robe de Notre
» Seigneur, transférée dans l'église pa-
» roissiale d'Argenteuil, suivant l'acte de
» translation daté du 31 mai 1791 ; at-
» tendu qu'il est clairement prouvé par la
» déposition unanime des maire, adjoint,
» notables, et dix autres témoins, tous
» anciens marguilliers et principaux habi-
» tants de la commune d'Argenteuil, que
» cette Robe, la châsse de fer doré (1) et le

lents et ses vertus l'élevèrent aux premières digni-
tés de l'Église, et il est mort, l'année dernière,
évêque de Beauvais.

(1) Il y a ici une légère inexactitude. La châsse
de fer doré dans laquelle la Robe sans couture est
encore aujourd'hui renfermée, n'est pas celle
qu'on vénérait au prieuré antérieurement à la révolution, puisque cette châsse avait été remise, en
1791, aux délégués du gouvernement. Cette dernière est tout-à-fait moderne et n'a été construite
que lors de la réinstallation de l'église paroissiale.
— Mais c'est là un fait absolument sans importance.

» coffre de bois sont les mêmes que ceux
» qui étaient dans le prieuré de Notre-
» Dame d'Argenteuil, nous permettons que
» ce précieux vêtement, religieusement
» conservé, continue d'être exposé à la
» vénération publique, suivant l'usage et
» les permissions accordées en 1156 par
» Hugues, archevêque de Rouen, et en
» 1680. Donné à Versailles, le ... etc. »

Depuis cette époque, la sainte Robe est
constamment demeurée dans l'église d'Argenteuil. Sous l'Empire et la Restauration
une procession solennelle avait lieu le jour
de l'Ascension, et la divine Relique parcou-
rait les principales rues de la ville au milieu de son majestueux cortège de pélerins
et de fidèles. C'était une belle et touchante
cérémonie que la révolution de juillet a
respectée, et que les temps à venir sancti-
fieront davantage encore ; car bientôt les
objets chers à la foi recouvreront leur autorité sainte, et la Robe du Sauveur bril-
lera d'un nouvel éclat parmi les reliques
régénérées de ce royaume.

Telle est, en résumé, l'histoire surprenante de la sainte Robe que nous vénérons à Argenteuil. Comme on a pu le voir, sa conservation est l'œuvre de Dieu lui-même, et cette précieuse relique, qui a traversé dix-huit siècles pour arriver jusqu'à nous, n'est pas la moindre des preuves de la divinité de notre admirable religion. Remercions donc le Tout-Puissant qui nous a admis au bonheur de contempler ce vivant miracle, et prions-le de réchauffer le cœur des hommes attiédis en confondant l'incrédulité, qui se retranche derrière des sophismes pour attaquer une vérité éternelle !

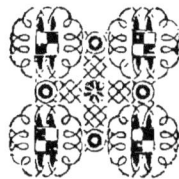

Authenticité de la sainte Robe.

_____

Nous avons réuni, pour établir d'une manière irrécusable l'authenticité de cette divine relique, toutes les preuves qu'il nous a été possible de fournir. Aux passages, vérifiés par nous, des historiens et chroniqueurs cités par dom Gerberon, par M. de Gaumont et les autres pieux écrivains qui se sont occupés du monastère d'Argenteuil et de la précieuse dépouille qu'il a si longtemps conservée dans son enceinte, nous avons encore à ajouter les témoignages que nos propres recherches ont pu nous procurer. Toutes ces traditions écrites, tous ces savants matériaux seront-ils une garantie suffisante pour ceux qui cherchent à s'éclairer et à croire ? Nous l'espérons ; car, tous les jours, quand il s'agit d'éclairer quelque difficulté relative à

l'histoire, les auteurs que nous avons cités, Grégoire de Tours, Baronius, Mathieu
de Westmunster, Robert du Mont, André
Favin, Froissart, Dutillet, etc. , etc. , font
foi auprès des hommes de science et de
probité qui s'appuient de leur témoignage,
et tiennent pour certain ce qu'ils ont affir-
mé. Pourquoi n'en serait-il pas de même
pour les faits religieux que pour les événements profanes ? Et dira-t-on que ces
auteurs ont pu traiter légèrement de pa-
reilles matières et avancer des faits sans les
avoir soigneusement recueillis et sur la
seule foi d'une tradition douteuse, quand
on sait que la plupart étaient de pieux ecclésiastiques qui devaient nécessairement
apporter plus de soins et de rigoureuses
recherches pour les choses de Dieu et de
l'Église que pour les affaires des hommes ?

Il est encore un point sérieux de cette
histoire et sur lequel il nous importe de
lever tous les doutes. Plusieurs villes ont
disputé à Argenteuil la gloire de posséder
la Tunique du Seigneur, tissue par la
vierge Marie. Parmi toutes ces villes, celle

de Trèves, en Allemagne, est la seule dont les prétentions , appuyées par quelques écrivains, nous aient paru dignes d'être réfutées. Ici, du reste, notre tâche sera facile.

Nous déclarons d'abord que nous ne prétendons point nous opposer à la dévotion de ceux qui croient que la ville de Trèves possède un vêtement du Christ ou quelque partie de sa sainte dépouille. En effet, puisque Jésus-Christ a eu plusieurs vêtements que les soldats se sont partagés après sa mort, il est possible, il est même probable que plusieurs églises aient été enrichies de ces précieuses reliques. Nous voulons prouver seulement que celle qu'on révère à Trèves n'est pas la Robe sans couture, ouvrage de la sainte Vierge pour son fils.

La plupart des auteurs qui ont parlé de la relique de Trèves appellent ce vêtement *toga domini*. Or le mot *toga* signifie longue robe ou veste, et n'a jamais eu le sens que l'on prête à *tunica*, qui veut dire *vêtement de dessous*. C'est de ce dernier terme que se servent la plupart des écrivains qui se sont occupés de la sainte Robe d'Argenteuil ; et Grégoire de Tours n'emploie pas une autre locution dans son chapitre *De gloriâ martyrum*, intitulé : *De tunicâ Christi inconsutâ*. Nous allons voir tout à l'heure combien le témoignage de ce pieux écrivain est important pour détruire les prétentions de l'église de Trèves. Il est donc possible que cette dernière possède *la longue robe* de Jésus-Christ, la *toge* qu'il portait par dessus les autres vêtements ; mais la sainte *Tunique*, mais *la robe sans couture*, Trèves ne peut la revendiquer, et c'est ce que nous allons établir plus sûrement encore.

Les écrivains qui ont soutenu la cause de Trèves prétendent que la relique qu'on y révère fut donnée par sainte Hélène à saint Agrice, évêque de la ville allemande, en l'année 327. D'abord ils ne fournissent aucune preuve à l'appui de cette assertion ; mais, en admettant même que cette donation soit prouvée, comment peut-on croire qu'il s'agisse de la *Tunique inconsu-*

tile, quand Grégoire de Tours, qui vivait vers l'an 590, c'est-à-dire plus de deux cents ans après sainte Hélène, annonce que, de son temps, la sainte Robe était en Galatie dans l'église des Saints-Anges|? *Ferunt autem in civitate Galatheœ, in basilicâ quœ ad sanctos Archangelos vocatur, retineri.*

Comment s'accorderont-ils encore avec ce qu'écrivent Frédégaire et Herman, qui affirment que la *trentième année du règne de Gondran* (594e de Jésus-Christ), *la Tunique de Notre-Seigneur*, *qui avait été jetée au sort*, *fut trouvée à Zaphat (Jaffa) et portée à Jérusalem*, racontant toutes les circonstances de l'invention de cette relique, et la solennité de cette translation ? Or, si sainte Hélène l'avait envoyée à saint Agrice dès 327, et si la divine relique était à Trèves depuis ce temps-là , comment Frédégaire et Herman , qui sont Allemands, ne l'ont-ils point su , et comment ont-ils pu dire qu'elle fut portée de Jaffa à Jérusalem en l'année 594 ? Enfin, tous les auteurs contemporains ne disent rien

4

de Trèves, ni de la relique qui y est conservée.

D'après Broverus, on ignora jusqu'au
xiie siècle que la Robe du Sauveur fût à
Trèves, et ce fut l'archevêque Félix qui
la découvrit et en propagea la renommée
en Allemagne. Or, si la Robe de Trèves est
demeurée inconnue jusqu'au xiie siècle,
comment a-t-on pu savoir à cette époque
qu'elle avait été envoyée dès l'année 397
à saint Agrice, puisque non-seulement
personne n'en avait parlé, mais, au contraire, que tous les écrivains, même les
auteurs allemands, avaient dit le contraire,
en assurant que, l'an 594, la Tunique de
Jésus-Christ avait été trouvée à Jaffa? Il
nous semble que ces preuves, sur lesquelles nous avons insisté, sont assez
convaincantes, et qu'il ne doit plus rester de doute sur le peu de fondement
des prétentions de Trèves. Et, d'ailleurs,
eussions-nous évité cette discussion, les
auteurs qui se sont prononcés en faveur
d'Argenteuil forment une majorité assez
imposante pour entraîner la conviction.

Nous citerons encore pour mémoire une autre assertion de Jean Diacre et des autres écrivains qui ont fait le catalogue des reliques qui se trouvent à Rome , dans l'église de Saint-Jean de Latran. Entr'autres objets précieux , ils font mention d'une Tunique de Notre-Seigneur; mais cette Tunique est de lin et très petite. C'est , sans doute , une chemise qui a servi à Jésus-Christ lorsqu'il était dans son enfance ; mais ce ne peut être la Robe dont le Sauveur des hommes a été dépouillé sur le Calvaire et qui fut jetée au sort.

Nous livrons ces considérations à la conscience de nos lecteurs , et nous espérons avoir réussi à faire passer dans leur cœur la conviction qu'une étude approfondie a fait entrer dans le nôtre. Quant à ceux qui ont fait de l'impiété un système, tristes enfants d'un siècle sceptique et frondeur , qui ferment les yeux pour nier le soleil et remettent en question les principes religieux qui ont soutenu et consolé leurs pères, nous avons annoncé déjà que ce n'était pas pour eux que nous écrivions ces pages.

Le culte des choses saintes ne peut rester longtemps dans l'obscurité de l'oubli.
Il arrive toujours un moment où la di-
vine Providence réveille les cœurs assoupis dans l'indifférence, et fait revivre ces
croyances sacrées qui sont impérissables
comme l'église fondée par Jésus-Christ. Ce
moment est arrivé pour la sainte Robe. La
dévotion à cette précieuse relique ne pouvait manquer de suivre le grand mouvement catholique qui imprime au monde une
nouvelle et généreuse impulsion. Grâce à
la protection éclairée de Mgr. Blanquart de
Bailleul, évêque de Versailles, grâce au
zèle et aux pieux efforts de M. Millet, curé
d'Argenteuil, et de MM. Saintard et Croiset, ses vicaires, le culte de la sainte Robe
a commencé à renaître, et prend tous les
jours une extension qui réjouit les fidèles.
L'ancien office de la relique divine a été
retrouvé et rétabli par les soins de M. Millet. Déjà les pèlerins commencent à affluer
dans l'humble paroisse ; les malades, les
affligés ont retrouvé la route que suivaient
leurs ancêtres quand ils avaient une grâce

à demandér à Dieu : la route qui conduit à la châsse d'Argenteuil.

Une pieuse personne, associée de St-Sulpice, est venue en aide aux efforts du respectable curé d'Argenteuil. Guérie par la vertu de la sainte Robe, d'une maladie cruelle pour laquelle elle n'espérait plus que de Dieu le soulagement que l'art des hommes lui avait refusé (*voir à la page* 93), cette digne servante du Seigneur a voué sa vie au rétablissement du culte, à la glorification de la relique à laquelle elle doit son salut. Grâce à sa généreuse assistance, une châsse plus digne de la Robe de Jésus, que le modeste coffre de bois qui la contient encore, va être bientôt préparée ; et les nombreux pélerins que son zèle infatigable conduit à Argenteuil, pourront vénérer la sainte Robe placée dans uu entourage plus digne d'une relique aussi auguste, et plus en harmonie avec l'esprit de notre sainte religion qui, faisant la part des faiblesses de l'humanité, veut d'abord parler aux yeux des incrédules, pour

faire entrer plus sûrement la conviction
dans leur cœur.

Heureux nous-même d'associer nos humbles efforts à une tâche aussi chère à la
foi , nous espérons que nos recherches et
nos travaux ne seront pas inutiles à la ré-
habilitation de la dévotion due à la sainte
Robe , et aux avantages qui doivent en ré-
sulter pour les intérêts sacrés de la religion. Que chacun apporte son grain de
sable, et l'édifice s'élèvera bientôt, brillant
et solide.

Nota. M. de Saintard , vicaire d'Argenteuil, ancien disciple des révérends pères
jésuites établis dans le célèbre pensionnat
de *Fribourg*, a envoyé récemment une parcelle de la sainte Robe aux pieux fondateurs de cette illustre maison. Les bons
pères ont aussitôt fait construire un autel à
cette précieuse relique et vont écrire à
Rome pour obtenir l'autorisation de célébrer tous les ans l'office de la sainte Robe,
tel qu'il le sera bientôt à Argenteuil.

GUÉRISONS MIRACULEUSES

Obtenues par la vertu de la

SAINTE ROBE.

Les guérisons miraculeuses obtenues par
la vertu des reliques sont, sans contredit,
une preuve puissante et incontestable de
l'authenticité de ces saints objets de notre
culte. Mais ce sont surtout ces prodiges qui
donnent prise à la malveillance des ennemis de la foi ; aussi il importe à l'écrivain
religieux de bien peser toutes les circonstances, toutes les preuves des faits surnatu-
rels qu'il rapporte à l'appui des documents
de la tradition et de l'histoire. Croire les
miracles sur un simple bruit, sans étayer
sa croyance de témoignages certains, serait
une légèreté digne de blâme ; mais aussi
ce serait avoir peu de foi et de religion que

de nier les prodiges qui nous sont rappor-
tés par ceux qui les ont vus ou qui les ont
appris de personnes qui méritent d'être
crues.

Parmi les guérisons miraculeuses que
nous allons citer, les unes ont été consi-
gnées dans l'ouvrage de *dom Gerberon*, qui
affirme n'avoir pas avancé un fait qu'il
ne l'ait vérifié lui - même avec toute la
scrupuleuse attention que nécessitait une
mission aussi importante, aussi sacrée. Les
autres, d'une date récente, nous ont été
fournies par M. le curé d'Argenteuil, et
diverses personnes dévouées au culte de
la sainte Robe. Du reste, comme nous
donnons les noms des malades en faveur
de qui les guérisons ont été opérées, il serait facile aux incrédules de se convaincre
que nous n'avons rien avancé qui ne fut
aussi conforme à la vérité que glorieux
pour la foi.

Voici d'abord la relation des prodiges
empruntés au savant bénédictin :

L'an 1659, un jeune enfant nommé André Jeson, fils du sieur Jeson, marchand,

demeurant à Paris, en la paroisse de Saint
Merry, n'ayant encore pu se servir ni de
ses mains, ni de ses bras, ni pu prononcer
aucune parole; sa nourrice, qui demeurait
à Argenteuil, fit vœu à Dieu pour cet enfant, et, dès le premier jour qu'elle fit sa
neuvaine devant la sainte Robe, l'enfant
commença à parler et eut le libre usage
de ses mains et de ses bras.

L'an 1669, au village d'Ermont, proche
d'Argenteuil, Mathurine Doissi, femme de
Henry Dubois, demeura percluse de ses
membres, sans pouvoir se remuer; et,
ayant usé inutilement de tous les remèdes
pendant cinq ans, elle eut enfin recours à
la sainte Robe, priant son mari d'y faire
toucher une chemise, ce qu'il fit; et, au
moment qu'elle l'eut mise, elle se sentit
guérie; dès le jour suivant, elle alla,
sans aucun aide, faire ses dévotions devant
la sainte Robe et remercier Dieu de la
grâce qu'elle avait reçue. C'est ce qu'elle
a déclaré et juré devant un notaire, par un
acte que son mari et son frère ont signé.

Environ l'an 1670, le sieur Louis Gaucher, chef d'échansonnerie de la reine mère, eut un rhumatisme qui lui causait de violentes douleurs et des contorsions de pieds et de mains, malgré tous les remèdes dont il usa pendant sept à huit ans ; mais étant venu demeurer à Argenteuil, et ayant ouï les merveilles que Dieu y opère par la Robe de son fils, il envoya y faire toucher une de ses chemises, et depuis le moment qu'il l'eut mise, il ne sentit aucune douleur ni aucune incommodité.

Etiennette Noël, femme du sieur Raimbaut, procureur à Argenteuil, ayant une fluxion à une cuisse, qui lui faisait souffrir de cruelles douleurs, sans qu'elle les pût apaiser avec tous les remèdes, elle y appliqua avec beaucoup de confiance un linge qu'on avait fait toucher à la sainte Robe, et à l'instant elle s'assoupit, et en s'éveillant elle se trouva parfaitement guérie, comme elle l'assura à dom Gerberon.

Vers la même année (1670), un jeune

garçon d'Argenteuil, nommé Pierre Renard, âgé de cinq à six ans, ayant eu un grand mal de tête pendant trois semaines, la fluxion tomba sur les yeux et lui causa pendant six mois de si violentes douleurs, qu'il perdit entièrement la vue, ses paupières s'étant fermées et la substance même de ses yeux s'étant corrompue pendant tout ce temps : le père et la mère de cet enfant n'oublièrent rien pour sa guérison. Ils eurent d'abord recours aux remèdes naturels et s'adressèrent à M. Juvais, chirurgien d'Argenteuil, et à M. Pizar, gentilhomme de Sannois, qui a réputation de savoir plusieurs remèdes et de secourir les pauvres malades avec beaucoup de charité. Mais, bien loin qu'on leur fit espérer qu'on guérirait leur fils, on leur dit qu'il ne recouvrerait jamais la vue, et, pour toute consolation, on les envoya à frère Valérien, apothicaire des Petits-Augustins de Paris. Ce père désolé y fut, et le bon frère lui donna plusieurs bouteilles d'eau dont il lava les yeux de son fils pendant près de trois mois; mais ce remède n'ayant eu nul effet, ce bon frère le renvoya en lui disant que son enfant ne verrait jamais.

Le pauvre père le porte successivement à M. Cressé, médecin de Paris, et M. Dalencé, célèbre chirurgien; mais il n'obtint toujours que la même réponse. M. Dalencé, pour lui ôter tout espoir, ouvrit même une des paupières de l'enfant, et il en sortit une si grande quantité de pus et de sang, que le père vit bien qu'il n'y avait plus à compter sur une guérison par la science humaine. Il alla pourtant trouver encore un oculiste de Paris; mais celui-ci ne lui donna pas plus d'espérance. Dans cet abattement, il fut inspiré de mettre toute sa confiance en la vertu de la sainte-Robe. Lui et sa femme, ayant donc purifié leur âme par un jeûne très étroit, ils adressèrent leurs prières à Dieu, et firent faire une neuvaine devant la sainte Robe avec une si grande foi, que le quatrième jour de la neuvaine, ayant mis à cet enfant un linge qu'on avait fait toucher à ce sacré vêtement, la vue lui fut rendue à l'instant, en sorte qu'il aperçut bien une aiguille que sa mère tenait à sa bouche. On ne peut exprimer la joie du père et de la mère, qui ne s'expliquaient que par leurs larmes et qu'en montrant aux voisins leur fils que Dieu venait de guérir, en lui rendant la vue aussi bonne et les yeux aussi beaux qu'il les avait jamais eus. Ils en ont donné une déclaration devant un notaire apostolique ; et, ajoute dom Gerberon, je me suis encore informé d'eux des circonstances de cette guérison qui ne put être qu'un effet de la toute-puissance et de la bonté extraordinaire de Dieu.

Anne Letessier, femme de René Dubois, chirurgien à Rochefort, en Beauce, Claude Pillau, marchand à Menelé en Picardie, et nombre d'autres personnes furent également guéries de la cécité par la vertu de la sainte Robe.

En 1675, une jeune fille nommée Potel, de la paroisse de Saint-Eustache, à Paris, fut saisie dès l'âge de quinze ans d'une paralysie qui lui ôta le sentiment et le mou-

vement des deux jambes , en sorte qu'elle
ne pouvait se tenir un moment sur les
pieds , ni se mettre à genoux , lors même
qu'elle recevait le corps adorable du fils de
Dieu. Se voyant donc contrainte de recevoir ce Dieu devant qui les anges tremblent,
dans une posture qui lui semblait trop peu
respectueuse, elle en eut tant de confusion,
que , pour n'être pas exposée à la vue des
hommes , elle désira se retirer dans quelque communauté religieuse où l'on com-
pâtit à sa peine , et où elle pût satisfaire
sa dévotion. Elle choisit à ce dessein le
monastère des dames religieuses Bernardi-
nes d'Argenteuil, où elle fut reçue comme
pensionnaire. Là encore , ses parents la
firent voir aux plus habiles médecins tant
du lieu que de Paris. Mais Dieu, qui lui
avait envoyé cette maladie pour sa gloire,
voulait que sa guérison fût l'ouvrage de sa
puissance. Ayant donc usé pendant sept
ans de tous les remèdes , sans qu'elle en
eût aucun soulagement , et se trouvant
abandonnée du secours des hommes , elle
fut inspirée de s'adresser à Dieu. Elle prit

donc la résolution de faire une neuvaine devant la sainte Robe, et elle pria la supérieure de lui permettre de s'y faire porter pendant neuf jours, d'y faire célébrer la sainte messe et d'y communier. Dès le second jour de la neuvaine, ayant demandé avec beaucoup de confiance à Notre-Seigneur qu'elle pût au moins vénérer à genoux la sainte relique, elle en ressentit si efficacement la vertu, qu'elle le fit sans peine. Ce qui jeta l'étonnement dans tous ceux qui l'accompagnaient et qui ne comprenaient pas comment cette fille qui, depuis sept ans, n'avait pu remuer le pied, ni se soutenir en aucune manière, avait d'elle-même fléchi le genou et se tenait sans peine dans cette posture. On conçut de là de grandes espérances que Dieu achèverait ce qu'il avait commencé. Le cinquième jour qu'on l'approcha de la relique, tous ses maux redoublèrent ; mais, bien loin de s'abattre, sa ferveur en fut plus animée, et embrassant étroitement la châsse, elle dit avec une confiance toute amoureuse à Notre-Seigneur, qu'elle ne

le quitterait point qu'il ne lui eût rendu la
santé qu'elle ne pouvait attendre que de
lui.

Alors ses douleurs s'apaisèrent, et elle
tomba dans une grande faiblesse d'où elle
revint incontinent, en s'écriant que Dieu
l'avait guérie ; en effet, elle se leva tout
d'un coup, sans aide de personne, et mar-
cha sans peine et sans secours vers le
grand autel, où elle se prosterna et épan-
cha son cœur, ne pouvant assez adorer la
puissance de son médecin, ni assez reconnaître sa bonté.

Il serait difficile d'exprimer la stupeur
de tous les assistants, mais on ne pouvait
démentir ses yeux, ni refuser de rendre à
Dieu la gloire d'une merveille si extraordinaire.

Après avoir témoigné sa reconnaissance
au Seigneur, elle sortit de l'église, suivie
de ses porteurs qui ne servaient plus qu'à
porter les bâtons et la chaise, comme les
trophées des vertus de la sainte Robe.

Quand elle rentra au monastère, les religieuses poussèrent des cris de surprise et

de joie. Enfin, revenues de leur étonnement, elles fondirent en larmes, ne pouvant contenir leur reconnaissance et le
bonheur dont leur cœur était inondé. Les
parents de la jeune fille, prévenus de sa
guérison miraculeuse, accoururent à Argenteuil. On s'imagine aisément quels durent être leurs transports de joie et d'a-
mour, à la vue de leur fille marchant et
accourant au-devant d'eux.

Mgr. l'archevêque en ayant été averti,
ordonna à M. de Benjamin, son grand-vicaire et official, d'informer de la vérité
de ce miracle; ce qui a été fait, et le procès-
verbal de cette information est au secré-
tariat de Monseigneur, signé de M. de
Benjamin et du sieur de Morange, secrétaire. On peut encore apprendre la vérité
et les circonstances de cette guérison miraculeuse, dit Gerberon, de la bouche
même de cette fille qui a consacré à Dieu
la santé qu'il lui a rendue, et a fait profession de la vie religieuse dans le monastère de Saint-Bernard d'Argenteuil, où elle
donne de grands exemples de piété.

La femme d'un nommé André Hoüé, d'Argenteuil, accouche au huitième mois d'un enfant que M. le vicaire, le Sr Dubuisson, maire, chirurgien, Mlle Charbonnier, la sage-femme, la grand'mère de l'enfant et plusieurs autres personnes jugèrent être mort, ne lui voyant aucune marque de vie et lui ayant trouvé la bouche et le nez pleins de sang, ce qui fit que le S^r vicaire ne le voulut point baptiser. Après un assez long espace de temps, on fut inspiré de porter cet enfant devant la sainte Robe. On l'y porte, on y fait des prières, et l'enfant donne de si grandes marques de vie à la vue de plusieurs personnes qui se trouvèrent présentes à ce miracle, qu'on le porta à l'église de la paroisse, où M. le vicaire, qui l'avait cru mort, le baptisa. J'ai moi-même, dit dom Gerberon, recherché la vérité de ce miracle, et ai demandé principalement au Sr Dubuisson et à la sage-femme si, de bonne foi, cet enfant était mort, et ils me l'ont assuré. J'ai aussi interrogé plusieurs personnes qui l'ont vu devant la sainte Robe. Elles m'ont protesté qu'il leur a paru être vivant, s'étant appliquées à le bien observer.

L'an 1770, Martine Poteron, femme de Jean Morin, d'Argenteuil, percluse de tous ses membres, eut recours à la sainte Robe, et pria son mari d'y faire toucher une chemise. Dès qu'elle l'eut mise, elle se sentit guérie.

La même année, César Pinchot, du même lieu, fut guéri de la même maladie en priant devant la relique sacrée.

En 1672, Catherine Lucie, femme de Michel Cirier, et Nicole Bouret, veuve de Louis Sancel, demeurant toutes deux à Bezons, et Marie Lucas, veuve de Pierre Gentil, durent également leur guérison à la vertu de la divine Tunique, ainsi que Guillaume Audouard, Philippe Michel, Etienne Dreux, tous trois d'Argenteuil, qui furent guéris d'une hydropisie réputée incurable, en faisant une neuvaine devant la sainte châsse.

Tous les faits qui précèdent sont, ainsi

que nous l'avons dit déjà, extraits de l'ouvrage publié par dom Gerberon. Depuis
l'époque à laquelle écrivait ce pieux bénédictin jusqu'à ces derniers temps, nul n'a-
vait pris le soin de recueillir les guérisons
miraculeuses qui ont été obtenues à Argenteuil, quoique la vertu du précieux vêtement de Notre-Seigneur n'ait pas cessé
d'agir toutes les fois qu'on y a eu recours :
c'est ainsi, par exemple, qu'on peut voir,
à la sacristie d'Argenteuil, un *ex-voto* du
8 septembre 1772, témoignage de la reconnaissance d'une famille dont le jeune enfant était mort avant d'avoir reçu le baptême, et qui fut rappelé à la vie pour
recevoir le sacrement qui lui ouvrait les
portes du ciel. Ce monument est le seul
qui se rattache au xviiie siècle ; la révolution a fait disparaître les autres. Mais
voici quelques guérisons dont la date est
toute récente; nous les livrons à l'appré-
ciation de nos lecteurs sans commentaires.
Afin que notre bonne foi soit mise hors de
doute, nous citons les noms et les adresses
des personnes qui nous ont fourni ces ren-

seignements. Nous n'avons pas la préten-
tion de faire croire que les guérisons soient
miraculeuses ; mais nous ferons remarquer
qu'elles ont *toujours* été obtenues au moment où les malades, après avoir été aban-
donnés de leurs médecins, ont eu recours
à Dieu, pour obtenir de lui un soulagement
devant lequel la science humaine avait
échoué.

Dans l'année 1827, Melle Jenny Guillarme, rue des Saints-Pères, n° 65, à Paris,
souffrait cruellement d'un cancer au sein.
Sur le point de subir une opération dan-
gereuse, elle se sentit pressée du désir
d'aller faire un pélerinage à Argenteuil ;
mais son mal était si douloureux qu'elle
n'était transportable que sur un brancard.
Elle fit part de son pieux désir à son
confesseur, le respectable M. Gaidechen,
curé de Notre-Dame de l'Abbaye-aux-Bois
et ancien curé d'Argenteuil. M. le curé,
pensant qu'elle ne pourrait supporter le
voyage, chercha d'abord à l'en détourner ; mais les instances de mademoiselle

Guillarme furent si vives, sa foi était si inébranlable, que le vénérable prêtre, voyant sans doute la volonté de Dieu dans cette ardente et sincère dévotion, n'essaya plus de la détourner de son dessein. Transportée de joie, cette demoiselle se rendit à Argenteuil le jour de l'Ascension, pleine de confiance dans le divin médecin entre les mains duquel elle allait remettre sa vie. Elle passa sous la châsse en priant Dieu du fond de son cœur, et se sentit immédiatement et entièrement guérie. Elle revint à pied à Paris, et, depuis ce jour mémorable, elle n'a jamais ressenti la moindre atteinte du mal qui l'avait tourmentée depuis si long-temps.

En reconnaissance de cette cure miraculeuse, cette pieuse demoiselle, comme nous l'avons dit dans le courant de cet ouvrage, a voué sa vie au culte de la sainte Robe, dont elle a déjà concouru puissamment à relever la glorieuse renommée.

Au mois d'octobre 1841, Mme Vimber, rue Saint-Victor, n° 15, fut guérie en passant sous la châsse de la sainte Robe, d'un mal de tête dont elle souffrait depuis plusieurs années, et si violent qu'elle en devenait sourde et était menacée de perdre la vue. Les plus habiles médecins, consultés par cette dame, n'avaient pu lui apporter aucun soulagement.

Madame Ratel, rue Saint-Benoît, n° 13, fut également guérie d'une fistule qu'aucun remède humain n'avait pu faire disparaître.

Dans la même année, madame Lemaire, rue Taranne, n° 16, fit une neuvaine à la sainte Robe, pour demander à Dieu de la guérir d'un mal affreux qui lui couvrait le nez et le visage et lui causait autant de douleur que de confusion. Le cinquième jour de la neuvaine son mal avait disparu.

Le 7 novembre 1841, un jeune ouvrier flamand de la maison de M. Nélissen, quai de la Mégisserie, n° 10, atteint d'une fièvre ardente et d'un violent mal de poitrine qui l'empêchait de respirer , vint à Argenteuil s'agenouiller devant la châsse ; ô mon Dieu, dit-il avec une grande foi et une profonde humilité , faites que je respire ! Au même instant sa prière fut exaucée , et non seulement il respira librement, mais encore la fièvre le quitta , et il ne sentit plus son mal de poitrine.

Le 8 février 1842, madame Hébuternes, rue Poultier , n° 12, fut guérie d'un violent mal de genoux et d'une enflure considérable à la cuisse , par suite d'un nerf retiré , en posant sur la partie malade une parcelle de la sainte relique.

M. Vasseur , rue des Saints-Pères , 65 , retenu au lit depuis un mois d'une enflure du bras et de la main , fut également guéri en touchant le précieux reliquaire.

La supérieure d'une communauté d'hospitalières, à Paris, percluse par suite de douleurs qui l'empêchaient de marcher, fit une neuvaine à la sainte Robe et posa sur elle le reliquaire authentique que possède Mademoiselle Guillarme, qui l'a reçu de M. Gaidechen. Elle se trouva si bien guérie, qu'elle fut en état de faire le lendemain près de deux lieues dans Paris, n'ayant pas même besoin de l'aide d'un bras.

Une religieuse de la même maison, allant chercher le reliquaire chez mademoiselle Guillarme, pour une personne malade, et fort souffrante elle-même, demanda à Dieu avec tant d'instance qu'il lui donnât une preuve de sa bonté infinie, pendant le peu de temps qu'elle devait posséder le reliquaire, qu'elle fut aussitôt guérie.

Madame Martin, rue de la Chaise, n° 8, obtint du Seigneur la guérison de son enfant, horriblement brûlé par accident, et qu'aucun médecin n'avait pu soulager, en posant sur lui le reliquaire et du linge que l'on avait fait toucher à la sainte Robe.

Enfin, M. le curé d'Argenteuil a bien

voulu nous confier des pièces que leur
étendue ne nous permet pas de transcrire
ici , mais desquelles il résulte que mademoiselle Marie Simon , demeurant rue et
île Saint-Louis , n° 102 , à Paris , était atteinte depuis longtemps d'une obstruction
au foie pour laquelle elle avait été traitée
par MM. les docteurs Beaux , Charpentier
et Cruveilher , sans éprouver de soulagement. Elle était dans un état désespéré
lorsque M. Serres , vicaire de Saint-Louis,
lui conseilla de faire une neuvaine à la
divine châsse. Mademoiselle Simon se rendit à Argenteuil dans le cours du mois de
septembre 1841 , et en revint entièrement
guérie.

P. S. 10 mai 1842. Nous apprenons à
l'instant même que mademoiselle Marie-
Désirée Lepeuple , de Dieppe , âgée de 15
ans, fut guérie chez M. Allard , en 1836 ,
d'une fièvre muqueuse très compliquée ,
grâce à l'application d'un fragment *authentique* du précieux vêtement.—Ce fragment provenait du morcellement de la

sainte Tunique, fait par M. Ozée. M. l'abbé Masson, aumônier du collége de Dieppe,
peut attester la vérité de ce fait, en l'honneur duquel la mère de la malade est venue
accomplir un pélerinage à Argenteuil, dans
les premiers jours de ce mois.

Il nous serait facile de multiplier les
noms et les témoignages ; mais nous croyons
devoir nous arrêter ici. Qu'on nous permette donc de clore notre ouvrage par une
dernière citation empruntée à dom Gerberon, qui s'explique en ces termes :

« Eusèbe raconte (lib. 7. hist., cap. 14)
» qu'à Césarée de Philippe il y avait en-
» core de son temps devant la porte de cette
» femme que Notre-Seigneur guérit d'une
» perte de sang, deux statues de bronze,
» dont l'une représentait une femme à
» genoux, les mains étendues en forme
» de suppliante, et l'autre, vis-à-vis, re-
» présentait Jésus - Christ debout, vê-
» tu d'une longue robe qui lui descendait
» jusqu'aux talons, et qui tendait la main
» à cette femme.—Au pied de cette statue

» il croissait une certaine herbe inconnue,
» laquelle , aussitôt qu'elle avait atteint
» le bord de ce vêtement , avait la force
» de guérir toutes sortes de maladies. Que
» si une herbe qui croissait au pied d'une
» statue de Jésus-Christ avait la vertu de
» guérir de toutes sortes de maladies dès
» qu'elle avait touché le bord , non pas
» de la Robe de Notre-Seigneur , mais
» seulement de la figure de ce vêtement ,
» quelle peine peut-on avoir à croire que
» la Tunique même du Sauveur , et ce qui y
» a touché , ait une vertu secrète qui gué-
» risse de toutes sortes d'infirmités , et
» quelle confiance ne doit-on pas avoir en
» cette sainte Robe, qui, ayant été le vête-
» ment d'un Dieu lorsqu'il s'est revêtu
» de nos faiblesses , est l'instrument de
» sa vertu lorsqu'il veut faire éclater sa
» puissance ! »

PIÈCES JUSTIFICATIVES.

N° 1.

CHARTE DE HUGUES, *archevéque de Rouen*. dressée en mémoire de l'invéntion de la sainte Robe dans une muraille, à Argenteuil, en 1156.

Nota. Cette pièce, dont une copie est déposée dans la châsse avec le précieux vêtement, 'est de la plus grande authenticité. Du Saussay en a vérifié avec soin toutes les parties et s'est porté garant de leur exactitude.

Universis catholicæ ecclesiæ fratribus reverendiss. H. Rothomagensise, cclesiæ humillimus sacerdos salutem et gratiam divinæ propitiationis.

Ad omnium volumus notitiam pervenire quod nos, supernæ

A tous les fidèles de l'Eglise catholique, le Révérendissime Hugues, ministre très-indigne de l'église de Rouen, salut et bénédiction dans la misé-ricorde de N.-S. J.-C.

Nous vous informons, mes frères, que, dans le dessein de satisfaire notre piété, nous étant trans- porté à Argenteuil, en compagnie de plusieurs notables et respectables prélats, à savoir : de l'ar- chevêque de Sens , de Théobald , évêque de Paris , de Robert, évêque de Chartres , des évêques d'Orléans , de Troyes , d'Auxerre, de Châlons , d'Evreux, de Meaux et de Senlis, et aussi de plu- sieurs pieux abbés : Od, abbé de Saint-Denis ; L., de Saint-Germain-des- Prés ; God., de Lagny; des abbés de Ferrières , de Saint-Maur-des-Fossés, de Saint-Faron , de Saint- Maximin, de Saint-Magloi- re, de Pontoise et de Mau- rigny, et de beaucoup d'autres encore , nous avons dévotement consi- déré, et avons offert avec tout le respect et la pompe

pietatis instinctu apud Argentoilum conve- nientes, adjunctis hu- militati nostræ multis authenticis et reveren- diss. Personnis Arch. Senonensi. Theob, Par. Roberto Carnotensi , Aurelianensi. Retensi, Antisiod , Cathalau- nensi , Ebroacensi , Meldensi , Silvanec- tensi Episcopis. Sanc- tis abbatibus quoque venerabili od. Abbate S. Dionysii. L. S. Ger- mani , God , Latinia- censi , Ferrariensi , Fossatensi, S. Faronis, S. Maximini, S. Ma- glorii , Pontissarensi, Mariniacensi , aliis etiam quam pluribu s; cappam pueri Domini Jesus quæ in ejusdem thesauris ecclesiæ A TEMPORIBUS ANTI-

QUIS HONORE CONDI-
GNO REPOSITA ERAT,
ad fidelium salutem,
humiliter inspeximus,
et palam eduximus, et
veneratione solemni
debitam ejus magnifi-
centiæ reverentiam
exhibentes, illam desi-
derio et devotioni po-
pulorum studio preta-
tis obtulimus. Aderat
ibidem supereminens
et sublimis præsentia
illustris Regis Franco-
rum Ludovici , cum
proceribus et optima-
tibus Palatinæ digni-
tatis, maximâ consis-
tente frequentiâ vulgi.
Ob insigne igitur gra-
tiæ cælestis, illud vi-
delicet iudumentum
quo sese humanata
induere sapientia di-
gnata fuit: et obsanc-
tissimam præscripto-

qui lui sont dus, aux re-
gards et à la vénération
de tous les fidèles, pour
leur plus grande édifica-
tion et afin de satisfaire
leur piété, la Robe de
Jésus Notre Seigneur en-
fant, que l'on conserve
avec tout l'honneur que
mérite cette relique, de-
puis les temps les plus
anciens, dans les trésors
de cette église.

Et ce, en présence du
roi des Français, Louis,
d'illustre mémoire, ac-
compagné des grands di-
gnitaires de sa cour, et
d'un grand concours de
peuple.

A cause donc de la fa-
veur qui nous a été accor-
dée, de considérer le vê-
tement précieux dont la
sagesse incarnée a daigné
se couvrir, et aussi à cause
de la présence de tant de

respectables prélats, nous
avons décrété, avec la
grâce de Dieu et pour sa
plus grande gloire, qu'une
indulgence récompensât
le zèle et la ferveur de
tous ceux qui viendront
implorer dans cette église
la miséricorde céleste.
En conséquence, plein
de foi en la divine man-
suétude, nous accordons
une indulgence d'une an-
née à tous ceux qui, dans
la présente année, se ren-
dront dans ledit lieu pour
rendre hommage à ce
saint vêtement et recon-
naître leur propre indi-
gnité, quand même ils se
seraient rendus coupables
des plus grands crimes.
Quant à ceux qui n'ont
commis que des fautes
légères, c'est-à-dire vé-
nielles, nous leur remet-
tons la moitié de la peine

rum Patrum præsen-
tiam. : Deo propitio,
s. lubri dispositione
decretum est, ut om-
nibus ibidem venien-
tibus, supernæ mise-
rationis gratiam pos-
centibus merces et
fructus suæ devotionis
in indulgentia veniæ
compensetur. Quicum-
que igitur hoc præsenti
anno in loco prænomi-
nato in honorem do-
minicæ Vestis pro-
priam servitutem et
devotionem obtule-
rint: Nos omnibus illis
de clementiæ celestis
plenitudine confisi', si
si peccatis gravibus et
maximis impliciti fue-
rint, unius anni pæni-
tentiam relaxamus ;
qui vero levibus, id
est, venialibus deti-
nentur, medictatem

pænitentiæ remittimus. Oblita peccata modo simili condonamus. Annis vero singulis, à festivitate sanctissimi Dionysii, usque ad octavas ejusdem , loci ipsius et sacratissimæ vestis venerationem pie invisentibus XL dies suæ pænitentiæ remittimus et indulgemus. De parvulis qui baptistati , vel sine baptismi, remedio infra VII annos per negligentiam parentum mortui sunt , totam pænitentiam parentibus eorum remittimus, excepta feria VI in hebdomada ; in quâ etiam die si ad Ecclesiam pænitens perrexerit , qualem ei caritatem presbiter dederit , talem habeat. Si vero

qu'ils ont encourue, et accordons la même indulgence pour les fautes que l'on aurait oubliées dans la confession.

Nous accordons également une indulgence de XL jours à ceux qui, chaque année. depuis la fête de Saint-Denis jusqu'à l'octave, viendront avec dévotion dans ladite église visiter la sainte Robe.

Nous accordons en outre la remise entière de leur peine aux parents qui, par une coupable négligence, ont été les auteurs de la mort de leurs enfants au-dessous de sept ans , qu'ils aient été baptisés ou non, excepté pour le sixième jour de l'octave, dans lequel le prêtre n'accordera au pénitent qu'une indulgence proportionnée à l'ardeur de sa dévotion.

Nous ordonnons à ceux qui ne pourraient jeûner à cause de leurs infirmités ou de leur faiblesse, et aux femmes enceintes, le dire sept *Pater* et l'exercer leur dévotion ar des œuvres pieuses.

A tous ceux qui observeront les présentes prescriptions et resteront fidèles à leurs autres devoirs, salut et paix en N.-S. J.-C. Ainsi soit-il. Fait l'an de grâce 1456, sous le pontificat d'Adrien, d'heureuse mémoire.

infirmus fuerit, aut mulier pragnans, vel debilis, quæ jejunare non possit, dicat septies *Pater noster*, et opere pio bonum exerceat quod potuerit. Omnibus autem hæc et quæ justa sunt conservantibus, sit pax et salus Domini nostri Jesu Christi. Amen. Actum est anno Verbi incarnati M. CL. VI, felicis memoriæ Adriano Papa VI feliciter.

N° 2.

BULLE DES INDULGENCES

Accordées par Notre-Saint-Père le Pape, Inno-
cent X, à la Confrérie de la Sainte-Robe de
Notre-Seigneur Jésus - Christ , instituée au
prieuré conventuel de Notre - Dame d'Ar-
genteuil.

Innocent, évêque, serviteur des serviteurs de
Dieu, à tous les Fidèles chrétiens qui ces présentes
lettres verront , salut et bénédiction apostolique.
Considérant la fragilité de notre nature mortelle,
la condition du genre humain et la sévérité du
jugement dernier, nous désirons avec ardeur que
tous les fidèles le préviennent par de bonnes œuvres
et de ferventes prières, afin que par ce moyen ils
puissent obtenir plus facilement la rémission de
leurs péchés, et se rendre dignes des récompenses
de la félicité éternelle.

Ayant donc appris qu'en l'église du prieuré de
Notre-Dame d'Argenteuil , ordre de saint Benoît ,
diocèse de Paris, il y a une pieuse et dévote confrérie de fidèles chrétiens de l'un et de l'autre sexe
(non pas toutefois d'une même profession) cano-
niquement instituée sous le titre de la Tunique
sans couture de Notre-Seigneur Jésus-Christ, à la
louange de Dieu tout-puissant, pour le salut des
ames et le secours du prochain , de laquelle les

confrères, nos chers enfants, ont accoutumé de s'exercer en plusieurs bonnes actions de piété. Or, afin que la confrérie reçoive de jour en jour de plus grands accroissements spirituels, nous confiant en la miséricorde du même Dieu tout-puissant, et sous l'autorité des bienheureux apôtres saint Pierre et saint Paul, nous accordons à perpétuité Indulgence plénière et rémission de tous péchés en général et en particulier, à tous et chacun des fidèles chrétiens, de l'un et de l'autre sexe, vraiment repentants et confessés, qui seront admis ci-après en la susdite confrérie, pour le premier jour de leur entrée, s'ils reçoivent le très saint Sacrement de l'Eucharistie.

Nous accordons les mêmes Indulgences à tous les confrères qui sont et seront ci-après de ladite confrérie, lesquels, en quelque lieu que ce soit qu'ils décèdent, étant vraiment repentants, confessés et repus de la sacrée Communion (si cela se peut), invoqueront de cœur, s'ils ne le pouvaient de bouche, le saint Nom de Jésus à l'article de leur mort.

Nous concédons encore les mêmes Indulgences à tous lesdits confrères pareillement pénitents, confessés et communiés, qui visiteront dévotement tous les ans la susdite église, en la fête de l'Invention de la Sainte-Croix, depuis les premières vespres jusqu'au soleil couché de ladite fête, et là prieront Dieu pour l'exaltation de notre mère, la sainte Église, et l'extirpation des hérésies, la conversion des infidèles, l'union des princes chrétiens, et pour le salut du Souverain Pontife romain.

En outre, nous accordons aux mêmes confrères, vraiment repentants, confessés et communiés, qui visiteront tous les ans avec dévotion la susdite église au jour de l'Invention du corps de saint Denis, qui se célèbre ordinairement au mois d'avril, à la seconde férie de la Pentecôte, à la fête de l'Exaltation de la Sainte - Croix, et encore un autre jour (*savoir, le jour de l'Ascension*), qui sera choisi par lesdits confrères, et approuvé par l'ordinaire du lieu (hors la fête de Pâques, toutefois), lequel jour, étant une fois déterminé, ne pourra plus être changé, et prieront, ainsi qu'il est porté ci-dessus, sept années d'Indulgences et autant de quarantaines à chacun des quatre jours susdits.

Enfin, nous leur relâchons miséricordieusement en Notre-Seigneur, par la même autorité et teneur que dessus, soixante jours de pénitences qui leur auraient été enjointes, ou auxquelles ils seraient obligés en quelque façon que ce soit, toutes les fois qu'ils assisteront aux divins offices ou bien aux assemblées, soit publiques, soit particulières, de cette confrérie, pour exercer quelque bonne œuvre, ou accompagneront le Très Saint-Sacrement lorsqu'il est porté à quelque malade, ou bien, étant empêchés, se mettant à genoux lorsqu'ils entendront la cloche pour ce sujet, réciteront une fois l'Oraison dominicale et la Salutation angélique pour le même malade, ou bien assisteront aux processions commandées par l'ordinaire, ou aux enterrements desdits défunts, logeront les pauvres pèlerins, réconcilieront les ennemis, ramèneront quelques fourvoyés dans le chemin du salut, enseignant aux ignorants les commandements de Dieu ou autres choses nécessaires au salut, ou réciteront cinq fois les susdits *Pater* et *Ave* pour les ames des confrères de ladite confrérie décédés en la grâce de Notre-Seigneur.

Or, si ladite confrérie est agrégée, ou si elle vient ci-après à s'agréger à quelque principale confrérie, ou à lui être unie en quelqu'autre manière pour gagner ou participer à ses indulgences, ou si elle vient à être autrement instituée de quelque façon que ce soit, nous voulons que les premières lettres et toutes autres, obtenues à cette fin, ne lui puissent aucunement servir, mais que dès-lors et de fait elles soient entièrement nulles. Et même si nous avions déjà accordé auxdites confréries, à raison de ce que dessus ou autrement, quel-

que indulgence perpétuelle ou à certain temps
non encore expiré, que les lettres n'aient aucune
force ni valeur. — Donné à Rome, à Sainte-
Marie-Majeure, l'an de l'incarnation de Notre-
Seigneur 1653, le cinquième des ides de juillet,
et de notre pontificat le neuvième. Signé, *A. Ala-
mamus*, *L. Holstenius*, *J. Raggius*; et sur le
replis : *Visa*, *P. Ciampius*, *Habram*, *lib.* 1,
f° 588. — Au dos : *Registrata in secretaria apos-
tolica*; et scellé en plomb avec soie, *J. Raggius*.

Mgr. l'illustrissime et révérendissime père en
Dieu, Jean-François de Gondy, par la grâce de
Dieu et du Saint-Siége apostolique, archevêque de
Paris, ayant vu les présentes, a permis la publi-
cation d'icelles dans l'église métropolitaine et
autres églises tant de la ville que du diocèse de
Paris. — Fait à Paris, l'an de Notre-Seigneur 1653,
le 23 août. Signé *Baudouin*.

Les jours destinés pour l'indulgence plénière
sont : Le jour de l'entrée de chaque confrère, et
à l'article de la mort; le jour de l'Invention de
la Sainte-Croix.

Les jours de l'Indulgence non plénière sont :

La fête de l'Invention du corps de saint Denis,
le jour de l'Ascension de Notre-Seigneur, la seconde férie de la Pentecôte et de l'Exaltation de
la Sainte-Croix.

N° 3.

ACTE DE LA TRANSLATION DE LA SAINTE ROBE

Dans une riche châsse donnée par son Altesse Mademoiselle de Guise, l an 1680.

Au nom de la sainte et indivisible Trinité ,
Nous , frère Claude Boistard , Prieur du monastère de Saint-Germain-des-Prés , de l'ordre de saint Benoît , de la congrégation de saint Maur , grand-vicaire de Mgr l'archevêque de Paris , à tous présents et à venir : savoir feisons que le Prieuré de Notre-Dame d'Argenteuil , où sont établis les religieux de ladite congrégation , étant en possession depuis longtemps de la Robe sans couture de N.-S. Jésus-Christ , par le don que lui en a fait Charlemagne , ce qui y aurait toujours attiré un grand concours de fidèles de l'un et de l'autre sexe , entre lesquels Très haute et très puissante Princesse Son Altesse mademoiselle Marie de Lorraine , duchesse de Guise , marchant sur les pas de ses illustres ancêtres , a signalé sa piété ; et ayant résolu de placer cette sainte Tunique dans une châsse plus précieuse que celle où elle était , et en ayant fait faire pour cet effet une nouvelle , où elle a employé beaucoup d'or , d'argent et de pierreries, elle songea à honorer la translation qu'on en fe-

rait. C'est pour cela que l'an de l'Incarnation de Notre-Seigneur 1680, le 22ᵉ jour d'octobre, par mandement spécial d'illustrissime et révérendissime Messire François de Harlay, archevêque de Paris, Duc et Pair de France, nous étant transporté audit Prieuré, accompagné de dom Alexis Gendrier et de dom Sébastien Serpe, lecteur en théologie, prêtre et religieux de ladite abbaye de Saint-Germain-des-Prés, nous avons célébré solennellement la messe le matin du même jour pour l'heureuse translation qu'il fallait faire de cette sainte relique. Le même jour, environ sur les deux heures après midi, sadite Altesse, avec Très hautes Princesses mesdames René de Lorraine, sa sœur, abbesse de Montmartre, Anne-Marie de Lorraine, religieuse de ladite abbaye, accompagnées de quatre autres religieuses dudit monastère, de deux prêtres, aumôniers de sadite Altesse, et toute sa maison, se rendit audit Prieuré, où elle fut reçue par nous et le R. P. dom Charles Petey, Prieur d'Argenteuil, et par les religieux dudit Prieuré, avec toutes les marques d'honneur qui sont dues aux personnes de son rang ; mais de peur que le trop grand concours de peuple ne pût troubler la dévotion de cette sainte cérémonie, sadite Altesse nous pria de la faire en particulier, en présence seulement de ceux de sa maison ; ce qu'accordant

volontiers à la prière de cette libérale et magnifique Princesse, nous avons fait porter la vieille
châsse dans la sacristie du Prieuré ; et toutes les
choses étant bien disposées pour la sainteté de
cette action, on ouvrit l'ancienne châsse, dans
laquelle nous avons trouvé d'abord un acte de Hugues, archevêque de Rouen, touchant l'exposition
qu'il fit de la sainte Tunique, en présence du roi
Louis VII, l'an 1156. Lecture fut faite dudit acte
en présence de tous les assistants, par dom Sébastien Serpe, qui faisait l'office de sous-diacre.
Après quoi l'on tira de cette châsse une petite caisse
garnie de bandes de fer, où la sainte Tunique
était enfermée : on la fit ouvrir par un serrurier,
et en ayant tiré cette sainte Tunique, que nous
trouvâmes enveloppée d'un velours noir, nous l'a-
vons dépliée et fait baiser aux Princesses et aux
assistants, qui ont aussitôt fait toucher à la sainte
Robe des médailles, des chapelets, et autres
choses semblables. Cela étant fait, nous n'avons pu
refuser à la piété et aux instantes prières de cette
illustre Princesse un petit morceau de ce précieux
trésor, qu'elle nous a demandé, et qu'elle a reçu
avec beaucoup de piété et de démonstrations de
reconnaissance. Ensuite, sadite Altesse ayant éten-
du une étoffe dans la châsse neuve, nous y avons
mis la sainte Robe, et nous avons fait fermer la-

dite châsse par un orfèvre. Après , nous étant accompagné des illustres Princesses , qui avaient
des cierges à la main , et d'une grande multitude
de peuple qui accourut dans ce moment, nous
avons porté ce sacré dépôt solennellement de la
sacristie en l'église dudit Prieuré , et nous l'avons
exposé sur une table bien ornée à cet effet, pendant qu'au son des cloches on chantait le *Te Deum*;
après lequel les Princesses se retirèrent et on laissa
ladite châsse neuve sur la table jusqu'à la fin des
complies ; lesquelles étant finies , on la rapporta
dans le trésor, pour être religieusement conservée
avec les autres saintes reliques. En foi de quoi nous
avons fait dresser ce présent acte , que lesdites
Princesses ont fait sceller du sceau de leurs armes,
et nous de celui de notre office ; et tous ceux qui
ont assisté à ladite cérémonie ont signé.—Fait les
jour et an susdits.

     Signé :

Marie de Lorraine , Duchesse de Guise ;

Françoise de Lorraine , abbesse de Montmartre ;

Sœur *Anne-Marie de Lorraine* ;

Sœur *Marie de Saint-André* , maîtresse des No-
    vices ;

Sœur *Élisabeth de St-Eugène* , dépositaire ;

Sœur *Charlotte Catherine* ;

Sœur *Charlotte de Sainte-Claire* ;

N. *Millereau* , aumônier de la susdite Princesse .

F. Lambert, id. id.

Frère *Claude Boistard* , Prieur de Saint-Germain-des-Prés , et grand-vicaire ;

De Gaignères ;

Dubois :

Frère *Ch. Petey* , Prieur d'Argenteuil ;

Frère *F. Moncelet* , sous-Prieur ;

Frère *Alexis Gendrier* ;

Frère *Sébastien Serpe;*

Frère *Fr. Vrayet* , Trésorier ;

Frère *Hilaire Champion* , Secrétaire du Chapitre.

N° 4.

PÉTITION *adressée à son Eminence Monseigneur Caprara, cardinal légal du Saint-Siège en France.*

Monseigneur, la ville d'Argenteuil, près Paris, possède, depuis le huitième siècle de l'Eglise, la Robe sans couture de Notre-Seigneur Jésus-Christ. Elle tient ce monument unique de la piété de saint Charlemagne, roi de France, à qui l'impératrice Irène l'avait donné. Une suite non interrompue de titres attestent de siècle en siècle que sous nos rois, les princes de l'Eglise, les archevêques et évêques, les grands du royaume, tous les fidèles, ont rendu à cette précieuse relique les hommages de vénération et de respect dus à son authenticité. Les souverains pontifes ont voulu que la piété des fidèles fut entretenue dans cette religieuse dévotion, en attachant aux jours spécialement consacrés à la vénération de ce précieux vêtement de Notre-Seigneur, des indulgences particulières. Ce fut dans cette vue que le pape Innocent X, d'heureuse mémoire, accorda, aux instantes prières des fidèles, une Bulle scellée en plomb, qui permet à la confrérie de la Robe de Notre-Seigneur, établie dans l'église du prieuré conventuel d'Argenteuil, diocèse de Paris (*aujourd'hui Versailles*), d'annoncer des indulgences plénières pour les personnes qui, avec les qualités requises, visiteraient cette précieuse relique les jours consacrés spécialement à sa vénération.

Les originaux de ces bulles sont adirés; un exemplaire imprimé seulement avec beaucoup de soin et d'exactitude est soumis à l'examen de Votre Excellence.

Aujourd'hui la piété des fidèles et leur attachement à cette précieuse relique les engagent à solliciter de votre religion, Monseigneur, par la médiation de leur respectable curé, la rénovation ou confirmation de la Bulle ci-jointe, et votre autorisation pour se réunir en confrérie comme par le passé, et de leur permettre que le culte que l'on rendait à ce monument de notre salut, dans le prieuré conventuel supprimé, soit transféré dans l'église principale de la même ville. avec les mêmes priviléges et les mêmes grâces de l'Eglise dont il jouissait de temps immémorial.

La France vous doit, Monseigneur, le rétablissement du culte catholique : elle verra avec de nouveaux sentiments de reconnaissance que vous honoriez de votre protection un des plus anciens

établissements religieux, dont le but est de propager le culte dû à la plus précieuse relique connue,
et de lui faire rendre les témoignages de respect
et l'hommage de vénération qui lui sont dus.

Je suis, avec le plus profond respect,

de Votre Eminence,

Monseigneur,

Le très-humble et très-obéissant serviteur.

Signé, ROBIN,
Prêtre, fondé de pouvoirs.

Paris, 27 avril 1804.

N° 5.

DÉLÉGATION DE MONSEIGNEUR LE CARDINAL DE
CAPRARA.

Paris, le 29ᵉ jour
d'avril 1804.

Parisiis, du 29
aprilis 1804.

En vertu de l'autorité spéciale et particulière qui nous a été conférée par N.-S.-Père le Pape Pie VII, nous renvoyons la présente pétition au jugement et à la prudence du Révérendissime évêque de Versailles, avec les pouvoirs nécessaires et convenables pour, s'il le juge utile au bien de la religion, rétablir la confrérie dont est mention dans ladite pétition ; la transférer dans l'église paroissiale et ensemble les indulgences et toutes les grâces spirituelles qui y étaient

De speciali et expressâ apostolicâ auctoritate à S. S. Pio Papa VII, nobis benigne concessâ, remittimus preces arbitrio et prudentiæ R. Episcopi Versalliensis cum facultatibus necessariis et opportunis ad hoc, ut si ita in Domino expediens judicabit confraternitatem de quâ in precibus canonice restituat, et ad intro scriptum Parochialem, Ecclesiam transferat una cum omnibus Indulgentiis et gratiis spiritualibus quæ illi antea elargitæ fuerant ; ad quem effectum Indulgentias contentas in exemplo typis impresso litterarum apostolicarum sanctæ memoriæ Innocentii Papæ X, sub datum Romæ, apud sanctam Mariam Majorem, anno 1653, quinto Idus Julii, iisdem modo et formâ servatis qui conditionibus in eis contentis confirmamus contrariis, quibus cumque non obstantibus. Ad eumdem vero episcopum spectabit de intro scriptæ Reliquæ authenticitate cognoscere, antequam publicæ venerationi iterum exponatur.

Signé : S. B.
Cardinal légal.

antérieurement attachées.

A cet effet, nous confirmons, nonobstant toute espèce d'opposition, les indulgences, contenues dans l'exemplaire imprimé, des lettres apostoliques du Pape Innocent X de sainte mémoire, données à Rome à sainte Marie, majeure, l'an 1653, le cinquième jour des ides de juillet aux mêmes conditions et dans la même teneur.

A cet évêque appartiendra de connaître de l'authenticité de cette relique avant de l'exposer de nouveau à la vénération des fidèles.

Signé, S. B.
Cardinal légal

6

N° 6.

AUTORISATION DE MONSEIGNEUR L'ÉVÊQUE
DE VERSAILLES.

Cette pièce a été insérée dans le cours de cet
ouvrage. (Voir page 65).

FIN.

PRÉCIS

L'HISTOIRE DE SAINTE CHRISTINE.

Ainsi que nous l'avons avancé, les reliques de sainte Christine envoyées à Charlemagne par l'impératrice Irène, en même
temps que la sainte Robe, furent déposées
par le grand monarque au monastère
d'Argenteuil avec le vêtement sacré du
Christ. Les pièces justificatives que nous
donnerons à la suite de cette notice, éta-
bliront sans doute aux yeux de nos lecteurs
l'authenticité des précieux restes de cette
sainte, découverts depuis quelque temps
par M. le curé d'Argenteuil dans la châsse
antique qui les enfermait depuis des siècles.

La date précise de l'âge du martyre de
sainte Christine est incertaine. *Floravius*, qui
écrivait au milieu du xvᵉ siècle, a dit, sans
doute d'après le témoignage d'autorités qui

nous sont inconnues, qu'elle était âgée de douze ans, et reçut la palme de martyre sous les empereurs Dioclétien et Maximien, l'an du Christ 302. *Cursum sui martyrii complevit, anno saluti* CCCII, *sub Diocletiano et Maximiano imperatoribus, ætatis suæ anno* XII. Galesinius dit qu'on place son martyre les uns sous Dioclétien, les autres sous Adrien. *Maurolycus, Felicius et Ferrarius* prétendent que c'est sous Dioclétien, en l'an 287. *Pierre, de Natalibus, liber* 6, *cap.* 30, donne la même date. *Maubritius* la place sous l'empereur *Adrien.*

Si nous avons rapporté scrupuleusement ces divergences d'opinion qui font varier de quelques années l'époque précise où la sainte commença son pieux sacrifice, ce n'était pas qu'elles nous semblassent en aucune manière importantes pour l'authenticité de l'histoire que nous avons recueillie en compulsant les martyrologes grecs et romains, unanimes sur les faits que nous allons citer; nous n'avons fait qu'obéir à notre devoir d'écrivain consciencieux, qui laisse à la bonne foi et à la piété de ses lecteurs le soin de juger sur les matières qu'il leur offre. Cette incertitude de date bien pardonnable pour des faits aussi anciens, nous semble au contraire une preuve de plus, quand elle ne consiste qu'en une différence d'un aussi petit nombre d'années.

Sainte Christine vivait à Tyro, ville située dans une île formée par le lac de Bolsène en Toscane. L'île et la ville ont été depuis plusieurs siècles englouties par les eaux, et il n'en reste plus de souvenirs que dans l'histoire. Christine était fille d'Urbanus, officier de l'armée romaine. Son père était un païen endurci au culte des faux dieux ; mais la grâce avait parlé de bonne heure au cœur de la jeune vierge qui, méprisant cette religion mensongère, s'abstint non seulement de sacrifier aux divinités dérisoires qu'adorait son père ; mais encore fit fondre ou briser ses idoles, et distribua aux pauvres l'or, l'argent et les autres matières précieuses dont elles étaient composées. Urbanus, transporté de fureur, fit enfermer sa fille dans une tour élevée, en lui interdisant la vue de ses amies et de sa famille ; mais la noble enfant puisa de la force dans son isolement, et, dit le naïf chroniqueur, à qui nous empruntons ce récit, *voyant, du haut de la tour, l'immense étendue du ciel, elle adora le créateur.* Quand Urbanus revint auprès d'elle pour lui proposer de sacrifier aux idoles, elle refusa avec indignation et mépris. Alors ce père barbare la fit arracher de la tour et jeter dans un cachot où il l'accabla de mauvais traitements sans pouvoir vaincre sa résistance. Exaspéré, il la fit plonger dans les eaux du lac; mais la courageuse sainte accepta cette immersion comme un glorieux baptême. Elle fut de nouveau reconduite à son cachot, où elle resta jusqu'à la mort d'Urbanus.

Mais la mort de cet homme, si indigne du nom de père, ne sauva pas l'innocente victime, qui devait avoir l'honneur d'épuiser les outrages et la furie de trois persécuteurs, avant de rendre son ame à Dieu. *Dion*, nommé juge à Tyro, la tourmenta de nouveau. Sommée par lui de sacrifier à Apollon, en présence d'une grande multitude de peuple, elle réduisit en cendres la statue qu'on voulait lui faire adorer. Ce miracle, qui est rapporté par *Ado*, convertit à la foi du Christ plusieurs milliers de païens.

Dion mourut bientôt, et Julien, qui lui succéda, acheva l'œuvre de persécution commencée par son prédécesseur. La sainte fut jetée dans une fournaise ardente où elle resta cinq jours sans être blessée par les flammes; des serpents venimeux furent lâchés contre elle, et la vertu de Notre Seigneur Jésus-Christ rendit encore innocentes les morsures de ces redoutables reptiles. Enfin son bourreau, furieux de voir sa rage rendue impuissante par la volonté de Dieu, ordonna que l'on coupât à la martyre la langue et le sein, et après l'avoir ainsi mutilée, la fit percer de flèches par ses féroces sicaires. C'est au milieu de ces supplices affreux et multipliés que sainte Christine reçut la palme de martyre que les vierges, ses futures compagnes, lui tendaient du haut des cieux.

PIÈCES JUSTIFICATIVES.

N° 1.

BULLE *trouvée dans le coffre renfermant les précieux restes de sainte Christine.*

A tous les fidèles adorateurs du Christ et aux ecclésiastiques établis dans les diverses paroisses de la ville et du diocèse de Paris, à qui les présentes parviendront, Simon, par la grâce de Dieu, évêque de Paris, salut, au nom du Fils de la Vierge Marie.

Nous avons lu et examiné avec soin les lettres apostoliques dont la teneur suit :

Universis et singulis Christi fidelibus ac ecclesiarum rectoribus in civitate et diocæsi Parisiensi institutis, ad quos præsentes litteræ pervenient, Simon, permissione divinâ Parisiensis episcopus salutem in filio virginis gloriosæ.

Noverit universitas nostra nos litteras apostolicas infrà scriptas vidisse et diligenter inspexisse, formasque sequentia continuentes :

Nicolaus, episcopus servus servorum Dei universis Chisti fidelibus præsentes litteras inspecturis salutem et apostolicam benedictionem.

Vitæ perennis gloria quâ mira benegnitas conditoris omnium beatam coronat aciem civium supernorum a redemptis pretio sanguinis fusi de pretioso corpore Redemptōris, meritorum debet acquiri virtute.

Inter quæ illud esse pergrande dignoscitu quod ubique sed precipue in sanctorum ecclesiis majestas altissimi collaudetur rogamus.

Itaque universitatem nostram exhortamus in Domino in remissionem nobis peccami-

Nicolas, Pape, serviteur des serviteurs de Dieu, à tous les fidèles qui les présentes verront, salut et bénédiction.

La gloire de la vie éternelle que l'admirable bonté du Créateur accorde aux hommes rachetés au prix du sang qui a coulé du corps précieux du Rédempteur, doit s'acquérir par la vertu des œuvres pies.

Parmi ces bonnes œuvres, nous recommandons comme très méritoire de célébrer en tous lieux la majesté du Très-Haut, et surtout dans les églises des saints.

C'est pourquoi nous exhortons tous les fidèles de notre sainte Eglise, pour la rémission de leurs péchés , à venir en toute humilité d'esprit implorer de Dieu le pardon de leurs fautes , dans l'église dédiée à la Bienheureuse Vierge Marie , au prieuré d'Argenteuil , de l'ordre de saint Benoît , diocèse de Paris.

Pour encourager les fidèles par l'espoir de récompenses spirituelles , plein de foi en la miséricorde de Dieu , et nous appuyant de l'autorité des bienheureux apôtres saint Pierre et saint Paul, nous accordons, pendant un an et quarante jours , la rémission des pénitences imposées à ceux qui feront chaque année leurs dévotions dans cette église, les jours de l'Annonciation , de la Nativité , de la Purification et de l'Assomp-

num injungentes quatenus ad ecclesiam prioratus beatæ Mariæ de Argentolio ordinis sancti Benedicti, Parisiensis diocesis , imploraturi a Domino veniam delictorum in humilitate spiritûs accedatis.

Nos enim ut Christi fideles quasi per merita salubriter ad premia invitemus de omnipotentis Dei misericordia et beatorum Petri et Pauli apostolorum ejus auctoritate confisi, omnibus vere pœnitentibus et confessis qui eamdem ecclesiam devote visitaverint annuatim in Annunciationis, Nativitatis, Purificationis et Assumptionis B. M. Virginis , et sanctæ

Christinæ martyris, cujus corpus et sancti Eugenii cujus reliquiæ ibidem haberi dicuntur festivitatibus, et per octo dies festivitates ipsas immediate sequentes, unum annum et quadraginta dies de injuncta sibi pænitentiâ misericorditer relaxamus.

Datum apud urbem veterem quinto calendarum octobris, Pontificatus nostri anno tertio.

Hinc est quod nobis ecclesiarum rectoribus antedictis præcipiendo mandamus quod contenta in prædictis litteris parochianis nostris exponete curetis favorabiter et benigne, cum super hoc fueritis requisiti.

tion de la Vierge Marie, et les jours de la fête de sainte Christine, martyre, et de saint Eugène, dont les reliques sont déposées dans cette église, ainsi que pendant l'octave de ces deux fêtes.

Donné à Rome, le cinquième jour des calendes d'octobre, la troisième année de notre pontificat.

Nous mandons à tous les prêtres de l'Église catholique d'expliquer avec bonté et complaisance à leurs paroissiens les choses contenues dans lesdites lettres, lorsqu'ils en seront requis.

Fait à Argenteuil, l'an du Seigneur 1294, le jeudi, fête de saint Jean Porte-Latine.

Datum apud Argentolium, A. D. 1294, die jovis, in festo sancti Joannis ante Portam Latinam.

AUTRE PROCÈS-VERBAL

Trouvé avec la pièce précédente.

L'an 1711 , le dimanche de Quasimodo , nous, Jean-André Gentil et Louis de Séronville, avocats à la cour , bailli et procureur-fiscal d'Argenteuil , et André Potheron , greffier ordinaire dudit baillage , après avoir assisté aux vêpres, dites et chantées en l'église du Prieuré de Notre-Dame d'Argenteuil , sont arrivés processionnellement en ladite église : M. Jean-Baptiste Grouët , prêtre, promoteur du Doyenné d'Enghien , curé de ce lieu , avec le clergé de cette paroisse et les RR. PP. Augustins déchaussés de ce dit lieu, en présence desquels et d'un grand concours de peuple tant de ce lieu que des circonvoisins , dom Jean Alaydon, prieur claustral dudit Prieuré, désirant faire faire la translation des reliques de sainte Christine, vierge et martyre du 3ᵉ siècle , qui reposent en ladite église et qui sont resserrées dans une ancienne châsse , en une nouvelle plus riche et plus convenable pour contenir de si précieuses reliques , a fait porter lesdites châsses sur le maître autel de ladite église , l'ancienne du côté de l'évangile et la nouvelle du côté de l'épître ; et le

R. P. dom Arnould de Loo , grand-prieur de l'abbaye royale de Saint-Denis en France , vicaire-
général de S. E. Mgr le Cardinal de Noailles, archevêque de Paris et de lui commis à l'effet de la
susdite translation , étant assisté de diacre et sous-
diacre , et revêtu d'habits sacerdotaux , a chanté
et fait chanter par le chœur les prières et orai-
sons convenables à cette cérémonie , et ensuite a
monté les degrés du maître autel , duquel nous
nous sommes approchés et vu faire l'ouverture de
ladite ancienne châsse , dans laquelle s'est trouvé
un petit coffre d'écaille d'environ un pied de lon-
gueur et d'un demi-pied de hauteur, garni d'une
serrure et de plusieurs lames d'argent , qui a été
pareillement ouvert, et dans lequel se sont trouvés
trois voiles : l'un de gaze d'argent , l'autre de bro-
card blanc à fleurs rouges et le troisième de ta-
vaïoles, dans lesquels étaient enfermés plusieurs osse
ments. Pour faire la visite desquels Claude Guérard,
Dumoustier , Jacques Lannevert , Charles Masse-
lin et Etienne Dunix , chirurgiens en ce lieu, ont
été mandés , et ont fait publiquement devant nous,
Bailli susdit , le serment de procéder en leur ame
et conscience à la visite desdits ossements , et au
rapport de leur état et qualité. Et les ayant visi-
tés et examinés avec beaucoup d'exactitude , ont
dit que lesdits ossements sont l'os entier de l'hu-

merus , l'os entier du coude droit , une portion
de l'os du genou , un os considérable du pied ,
une vertèbre du cou , une des lombes , une autre
du dos , une portion de l'os de la cuisse , l'os
pétreux presque entier , une portion d'une côte ,
plusieurs fragments du crâne, et quantité d'autres
ossements usés dont on ne peut distinguer les
noms : ce que lesdits chirurgiens ont certifié véritable ; comme aussi s'est trouvée dans ledit coffre
d'écaille tortue une bulle en parchemin écrite en
lettres gothiques , donnée à Rome par le Pape Nicolas, le 5ᶜ jour des calendes d'octobre , la 3ᶜ
année de son pontificat : visée à Argenteuil par
Simon , évêque de Paris, un jeudi , jour de la fête
de saint Jean Porte-Latine de l'année 1294 , qui
accorda , etc. (*voir les indulgences accordées par
la bulle précédente*). Ce fait, lesdits ossements
ont été montrés à tous les fidèles assemblés, et en-
veloppés par le R. P. dom Arnould de Loo , en
premier , dans un linge fin garni d'une dentelle
ancienne et à dents, et en deuxième lieu, dans un
morceau de damas rouge , et enfin dans un autre
morceau de taffetas rouge , sous lequel le parchemin contenant la bulle ci-dessus a été placé avec
le présent procès-verbal en parchemin timbré , et
quatre billets imprimés pour la convocation du
peuple à la susdite translation, etc. , etc., etc.

(Suivent d'autres détails qui seraient inutiles ici. Le procès - verbal se termine ainsi) : Laquelle châsse est de cuivre doré et a été donnée par le sieur Denis Aubry , natif d'Argenteuil , conseiller du roi et trésorier de sa maison.

(Suivent les signatures.)

N° 3.

AUTRE PROCÈS-VERBAL *dressé par MM. les curé et vicaires actuels d'Argenteuil.*

Nous soussigné, François-Honoré Millet, âgé de 41 ans, curé de la paroisse Saint-Denis d'Argenteuil, diocèse de Versailles, depuis un an, attestons avoir visité l'intérieur de ce reliquaire, en vertu de la délégation à nous faite par Mgr. Blanquart de Bailleul, évêque de Versailles ; et après avoir consulté les authentiques ci-joints, avons reconnu que cette relique est celle qui a été donnée par Charlemagne au monastère d'Argenteuil, au huitième siècle, sous le nom du corps de sainte Christine, martyre du lac de Bolsène, en Italie.

Cette relique fût conservée pendant mille ans au monastère d'Argenteuil, avec la sainte Tunique, donnée en même temps par Charlemagne.

Le reliquaire précieux qui la renfermait ayant été pris à l'époque de la révolution de 1789, et le monastère détruit, elle fut remise à l'église paroissiale de Saint-Denis d'Argenteuil, ainsi que la sainte Tunique.

Après avoir vérifié toutes les pièces et reconnu l'état des choses :

1° Nous avons renfermé toutes les parcelles

entre deux étoffes de soie, l'une blanche et l'autre rouge, provenant de l'ancien reliquaire;

2° Les avons fermées avec un ruban de soie blanc et scellées à deux endroits aux armoiries de l'évêché de Versailles, dont le sceau nous a été confié par Mgr. pour cette opération;

3° Avons inclus les reliques avec le présent procès-verbal dans ce petit coffre d'écaille, lequel a été scellé aussi aux endroits nécessaires pour l'assurer contre toute substitution ou extraction;

4° Avons aussi renfermé les anciens authentiques, tant en parchemin qu'en papier, dans une boîte plate en ferblanc, pour en assurer la conservation;

5° Enfin l'avons également scellée à plusieurs endroits.

Nous avons été assisté, dans cette opération, par MM. Louis-Eugène Groizet et Augustin de Saintard, vicaires de la paroisse, lesquels ont signé avec nous, à Argenteuil, l'an de grâce 1841, le samedi 23 octobre, la onzième année du pontificat de S. S. Grégoire XVI.

(Suivent les signatures.)

FIN.

www.ingramcontent.com/pod-product-compliance
Lightning Source LLC
Chambersburg PA
CBHW050022100426

42739CB00011B/2751